I0745658

痕·记

晓 霜

壹嘉出版

旧金山，2019

痕 · 记/ Journey Beyond （平装本）

ISBN: 978-1-949736-16-8

特约编辑：张忠卿
封面设计：高岚
内文插图：pikisuperstar / Freepik
出版人/Publisher：劉雁/Yan Liu
出版：壹嘉出版®/1 Plus Books®
定价：US$16.99
美国 · 旧金山 · 2019
www.1plusbooks.com
电话：+1（510）998-7456
电邮：info@1plusbooks.com

晓霜小照

在北京上幼儿园时和父母在一起

大学时代的晓霜

杜克大学博士毕业照（1990）

在华尔街的办公室（1990年）

未名湖畔（1993年）

和两个孩子在一起（2000年圣诞）

在家中（2018年）

一家人在女儿普林斯顿大学毕业典礼上（2019年3月）

与旧金山文青群的朋友在一起

与画画班的姐妹和陈保平老师在一起（2019年2月）

在北京大学新书分享会上与北大师生和出版社团队留影（2019年3月）

在北京一土学校新书分享会后签书（2019年3月）

目　录

第一章　故乡和亲情

第二章　留学故事

第三章　青春记忆

第四章　与孩子的心灵对话

第五章　感悟生活

第六章　水仙花开

你来过，我走过

我们是否相遇过？

也许是某一个场景

也许是某一个人

也许是某一首歌

也许是某一段文字

曾经给我们留下刻骨铭心的记忆

记录下这些生命的痕迹

在岁月静静流逝的长河里

让我们知道自己曾经这样活过

—— 晓霜

第一章　故乡和亲情

从第一次离开故乡，到再一次回到故乡，中间走过的路，是一条寻找“我是谁”的漫长之路。

故土和亲情永远在我的心中。走了很远的路，再次回到故乡，我突然醒悟，故乡已经不再是一个简单的地理坐标。故乡是我们出发的地方，是我们心灵的港湾，是我们的情感得以存放的地方。

你是哪里人

从小到大，每当有人问我“你是哪里人”，我总会迟疑一下，不知道应该如何回答。

其实并非想隐瞒籍贯或者什么历史，真是不知道应该怎么回答，好像怎样回答都不够准确。从提问人的语气，我似乎也能看出他们的疑问。

我是哪里人？这个问题一直困扰着我。

我的父亲是浙江人，母亲是江苏人，他们是大学同学，毕业后在北京工作，后来有了我和我的妹妹。

在那个特殊的年代，父母忙于工作，我和妹妹在浙江老家爷爷奶奶家长大。

那是一个山青水秀的山村，人们喝着山泉水，吃着自家菜园里种的菜，自制豆腐，年糕，茶叶，自己酿酒。家里用土灶，用山上砍来的柴木生火做饭。那时的饭菜特别香。

记忆中，我常常光着脚在河边捉小魚，小螃蟹，在河边的大石头上跳来跳去。奶奶在一边洗衣服，我和妹妹帮她晒萝卜，菜干。

我常常走到村口的大树下拣那些掉下来的果子；坐在钟亭旁，听老人们聊天、讲故事。

他们总是说，你们是北京人，爸爸妈妈很快就会带你们回北京。

于是我从小就得到这样一个心理暗示，我不属于这里，我的家在山外很远的地方，老人称为北方。

五、六岁时，父母把我带到北京上幼儿园，为上小学做准备。在一个当时设施很好的全日制幼儿园住校，周末才回家。　每月的住宿费超过当时父母一人三分之一的工资。

初来乍到，听不太懂北京话；馒头，窝窝头还有棒子面粥我有点咽不下去，总是乘人不备，偷偷地把它倒到垃圾桶里去。但是开饭前我常常感到饥肠辘辘，饿得难以忍受。

有一次终于被老师同学发现了，他们带着责备的口气说，你这个南方小孩怎么这样?

小朋友说，“你不是北京人，是外地人。”我便与他们争辩，我是北京人。但是说着自己都感到心虚。因为我心里明白除了我的父母在北京，我的户口在北京，真的我与北京没有一点关系。

在幼儿园上学一年，认字不多，但是能背不少毛主席语录，在几位北京小女孩面前可以炫耀一下，多少给我壮了一点胆。

刚准备上一年级，忽然父母要下放到江西五七干校，据说要去一个有血吸虫病的地方接受贫下中农再教育。

考虑到教育与生活环境，父母把我和妹妹送到了母亲的老家，江苏的一个魚米之乡，开始上小学。

老家的旧屋有两层楼，有个天井，外公还养了鸽子。

这个古镇只有一条大街，街道的两边有两排茂盛的法国梧桐树，据说有几百年老了。街上有着各种店铺，小吃店。穿过一条胡同走廊，经过一个宽阔的操场，然后走过一座小桥，再穿过一些住家，就到了我们的中心小学。

一条静静流淌的小河穿过小镇，不仅是交通通道，也是人们洗衣洗菜的地方。我们姐妹俩没有当地户口，那时粮食，各种食物都是凭票供应的，每个月父母把生活费和全国粮票寄来。

周围的大人说：你们是北京人，父母只是暂时下干校，很快就会把你们带回北京。这时我已经知道自己是外地人了，不会象在幼儿园时那样与人争辨。

我和妹妹开始在这里读书，识字，有很多快乐的童年记忆。

除了上学，我们的主要娱乐活动有踢毽子，捉迷藏，搭积木，玩弹子。我还喜欢爬树上房，也参加学校的宣传队唱歌跳舞。后来被选入学习中国乐器琵琶，学了几个月，老师看我不用功，也就没兴趣教了。

主要也是因为老师不舍得把心爱的琵琶让学生胡弹乱拨。他说，弹琵琶的女孩需要江南女子的灵秀。显然我在他的眼里，大大咧咧的，是个“粗旷”的北方女孩。

不过老师弹唱的苏州评弹，却穿越岁月，把江南的韵味刻入了我童年的记忆。

外公家里有几百本小人书，我常常躲在阁楼的客房里看这些书。

看着窗外的瓦房，屋檐下的天井，屋顶上面的天空，书中的世界把我带到远方。

盛夏之夜，我们几位邻居的小孩，常常睡在后院临时支撑起来的木板床上，听外公讲神话故事。

在江南的夏夜，仰头望着满天的繁星，我被那美景所吸引，仿佛置身于天上人间。一种神奇的力量，在远方向我召唤。

父母从干校回到北京，原来的机关单位撤销了，被分配到驻外使馆，任期五年，直到1976年才回到北京，我和妹妹不久也回到了父母身边。那一年，中国发生了一系列天翻地覆的变化。变化之一，马上要恢复高考了。

还清楚地记得1977年初回到北京上学时，因为江苏和北京春秋学制与升学时间的不同，我与妹妹面临着或者降级半年，或者跳级半年的困境。

住处附近的学校觉得你们外地人来到伟大祖国的首都，当然应该降级。可是对我和妹妹来说，“降班”、“留级”的字眼，是绝对不能接受的耻辱，不可接受！

父母无奈，只好找关系托人去学校说情，希望学校给我们一个考试的机会，看看我们学习的程度再决定，如果没通过考试，再留级，孩子也能接受。

这样学校同意安排了考试。最后校长说，没想到考得还不错，不会比咱们北京的学生差，那就跳级半年吧。

上学那天，我穿着南方的花棉袄，那时留着大长辫子，被老师安排成插班生坐到教室的最后一排。我走进教室全班同学交头接耳地议论，还有男生叠纸条扔向我的座位。

语文老师上课时让我朗读一段课文《孔乙已》，我说不好普通话，真是无地自容，全班哄堂大笑。

刚到北京，一次学校选了一批学生到长安街迎接外宾，让大家穿得鲜艳点。旁边的女生，为了避免与我穿同样的颜色，问我衣服穿什么色儿？丝巾什么色儿？她的北京味十足，什么儿啊，色儿啊？我怎么也听不懂。她以为我有些弱智。直到期末考试公布成绩，贴在墙上，不料我的成绩是全班第一，几乎每门功课都是满分，她才开始再次跟我说话。

虽然回到了北京，但是我们家里的生活习惯仍然是地道的南方人。不会包饺子，不会做包子，几乎不吃面食，饭菜仍是江浙的口味。

十几岁回到北京，我的北京话总是带着江南的口音，我永远分不清陈与程发音的区别。说话总带有江南的腔调。

多年来南方人认为我是北方人，北方人认为我是南方人。我知道自己在那里长大，曾经属于，但又不曾属于那个地方，我来自另一个地方，或者说应该去另一个地方。

这种没有归宿的感觉和身分混乱的状态一直影响着我，直到出国，我忽然轻松了。当别人问起我是哪里人，我只需要简单地说，我是中国人。可是我的遭遇又没有那么简单。

八十年代中期来到美国，那时很多日本人来这里上学或旅游，常有人把我当作日本人。到韩国餐馆，他们对我说韩文，这才发现，到了国外我还是需要回答我是哪里人这个问题。

还清晰地记得90年代初我刚到纽约华尔街一家律师事务所工作的情形，我是这家事务所雇用的第一位从中国大陆来的留学生。

一次该所在纽约世贸中心最高层的餐厅（Window of World）举行一个豪华的鸡尾酒会，有客户，政界人士，大多数律师都到场了。

我身穿黑色长裙，戴了一串白色的珍珠项链，没有任何多余的装饰，望着四周珠光宝气的客户与同事，和他们聊起来。互道一句Hello，然后他们便问：你是哪里人，从哪里来？

“Are you Japanese? ”一位穿着非常讲究的律师问道。

“No. I came from China. I am a Chinese.”我微笑着回答。

“Are you from Taiwan or Hong Kong? ”他继续问。

“No. I came from Beijing.”我解释。

“Oh, you came from the Red China. That’s interesting. ”他似乎不知如何继续我们的对话了。

这样的对话时常发生，我意识到刚来美国时，外国人对中国的了解很有限，我心中的中国和中国人跟老外心中的形象是有很大差别的。当然我们对美国的了解也很片面。

如今在美国生活了二十多年，我依然是一个地地道道的中国人，说着带有江南口音的普通话，但是美国的文化也深深地溶入于我的血液与生活。

我知道，中国江南水乡的童年记忆，北京的生活与大学时代的青春岁月，还有在美国二十多年的寻梦之旅，都是我生命中不可分割的一部分。我一直在寻找“我是谁”，但是我不再急于寻找答案，我知道自己仍然走在通往远方的路上。

原文完成于2014年7月12

修改于2016年1月26

回不去的故乡

每年暑假带孩子回中国都是来也匆匆，去也匆匆。看望两边老人，拜访亲友，路上旅行的时间就会消耗很多，一路总是行程满满，很少有率性而为的旅行。

没想到这次在先生的老家扬州提前一、两天完成了所有安排的行程。先生的姐姐和姐夫是我们回乡的陪同，也是招待我们的“导游”。他们问我：还有什么想去的地方吗？我忽然心血来潮，不加思索地冒出一句，“如果有时间，有可能的话，很想去后宅，母亲的老家，我小时候住过七、八年的地方看看。”

后宅是一个坐落在无锡与苏州之间的小镇。

姐夫拿出地图找到了高速公路，他说现在从扬州到无锡苏州只需两、三个小时。小时候到苏杭的另一个城市需要坐船坐火车，或者坐长途汽车往往需要大半天、甚至一天的时间。

姐夫虽然没在地图上找到后宅这个地名，但是根据我所说的地理位置找到了附近的几个城镇，他说路上只需要三个小时左右。我们马上决定去上海机场前带孩子去看看我小时候长大的地方。快速收拾了行李，吃完早餐姐夫就开车把我们带上了通往无锡苏州的高速公路。

走上新建的高速公路，眼前一亮，仿佛置身于一个新型的现代城市。路面宽阔整洁，沿途很多新建筑，一片欣欣向荣的兴旺景象。我们一路上快马加鞭，准备到后宅吃午饭。

行车近三小时，根据地图上的位置已经到了后宅附近，于是我们下了高速公路，沿着地方的交通主干道行走，寻找城镇的标志。我相信到了后宅一定能认出来。我告诉姐夫小镇上只有一条街，两边是高高的梧桐树，边上有条小河。

汽车往前开了半个多小时仍然没有见到小镇老街，等我们确定已经走过了，又回过头来开了近半个小时，仍然没有见到小镇的踪迹。

这时已是午后将近一点钟了，过了孩子午饭的时间，他们饿了。我们便在马路边上找到一家饭店吃午饭，同时可以确认一下小镇的具体位置。

走进一家家庭式的餐厅，里面大概有十几张桌子，门开着，餐馆里不见人，看似午休时间。我们喊着有人吗，这时老板娘从厨房里走出来跟我们友好地打招呼，并递上菜单。一询问得知后宅小镇就在前面，不到十分钟的车程。于是大家又兴奋起来，看着熟悉的菜谱，可口的家乡菜，点了不少菜。

孩子在车上坐了几个小时也累了，好不容易可以活动一下，八、九岁的儿子在餐厅里跑来跑去，不肯坐下。大人喝着茶等着上菜。没想到儿子突然跑到厨房口，服务生正端着一大碗滚烫的汤掀开帘子走出来，看到门口冲出来一个小男孩，惊慌中把手中的汤打落在儿子的头上，后背上，然后连汤带碗摔倒了地上。

只听到儿子一声惨叫，声嘶力竭地大哭起来。我跑过去只见儿子背上烫起了血泡，从脖子到背上红肿一大片。

天有不测风云！这顿饭是吃不了了，给孩子要了一点可以带在路上的糕点，急着要带儿子去医院。

七月的午后，赤日炎炎，儿子嚎啕大哭着，我一时心急如焚。忽然想到了母亲临行前给了我她的后宅小学同学许阿姨的电话。我马上给许阿姨打了电话。没想到电话打通了，许阿姨在家！

许阿姨在电话中导航，我们很快找到了后宅中街。但是这里的一切早已面目全非。

我们找到了许阿姨家。她家里像母亲的住处一样干净得一尘不染。她住处有好几间房，让我们休息一下。她知道一种治烫伤的特效药，几分钟后就把药取回来了，象是一种厚厚的油。我把它抹在儿子烫伤的脖子上，背上，肩上。抹了药，儿子哭得没力气了，好像药物也开始起作用了，他安静下来，扒着床上睡着了。

此刻，我根本不知道自己在什么地方。这一刻，仅有的一点时间，对我来说真是一寸光阴一寸金。马上利用这个午休的时间，向许阿姨打听老街，旧宅，亲戚，还有我心中想知道的关于小镇的一切变化。我已经离开这里近三十年了。

许阿姨告诉我老街拆了，小河被填了，梧桐树被砍了，旧址上盖起了几层楼的居民住宅区。我的童年坐标与标志忽然消失了，心里闪过一阵茫然与难过。

“祖上的老宅呢？”我问。

许阿姨说：“还在，你的乡下姨妈现在住在那里。”

外婆生育了十几个儿女，好几位幼年、童年夭折。母亲的祖上是开药店的，有中药店，西药店。外公精通中医，他一生耿正善良，行医救人无数，他肚子里总是有很好故事。为了卖药给共产党，坐过日本人的牢。狱中的鞭打，使他失去了武功与健康；加上药店的生意每况愈下，子女又多，一度靠变卖家产和外婆的嫁妆度日，无奈外公把一位姨妈送给了乡下的远亲。我们称她为“乡下阿姨”并无它意，只是小时候姨妈实在太多，我们以地名区分，才能记住。

“乡下阿姨”的命运自然要比生活在小城镇，大城市，还有后来到国外生活的兄弟姐妹更为坎坷艰辛。父母从小把她送给乡下远亲也是她心中永远的痛。外公去世后，兄弟姐妹们商量决定把祖上的老宅给了“乡下姨妈”，一是对她生活上的补偿；二是希望在所有的兄弟姐妹离乡去国之后，仍然能有人守着小镇老宅，清明时节可以有人去祖坟扫墓。

许阿姨把我带到老宅，见到了姨妈珍。小时候过年过节见过她几次。这时我知道了许多家族历史，不再叫她“乡下阿姨”。走进老宅的弄堂，墙很高，一进旧屋，光线昏暗，天井比记忆中窄小了很多。

走上楼，看到楼上的木雕窗户，上面刻着各种图案的雕花，由于年久失修，显得有些被风化的痕迹。

看到睡房对面的屋顶瓦房，一种似曾相识的感觉涌上心头。这还是三、四十年前我小时候看到的同一片瓦房吗？旧宅的年龄比我要大很多很多。我用手抚摸着古老的木窗，神情有些恍惚起来。

穿过老宅，对面曾经是铺满小石子的老街，现在变成了柏油马路；街上的梧桐树不见了，街边只见纸屑瓜皮，尘土飞扬；一排火柴盒型的公寓楼下，曾是江南的小桥流水人家，曾是我童年的江南，母亲自豪的鱼米之乡。

陪同先生，孩子参观老宅后，正准备离去。突然许阿姨告诉我，她打电话告诉她女儿，我来后宅了。许阿姨的女儿小敏，也是我的小学和初中的同学，她马上联系了在无锡、苏州附近的十来位同学，决定当天晚上在无锡与我聚会。

没想到突袭来访，还能见到那么多儿时的小伙伴。我又惊又喜，晚上带两个孩子到老同学选定的地点聚会。

儿时的小伙伴如今都长大了，而且人到中年。欣慰的是每人都过着衣食无忧的生活。谈笑风生间，时光倒转三十年。我们聊小时候的故事，聊我离开故乡后的变化。

我意识到自己已经离开很久，而且走得很远了。我的心中仍然想着那条铺满小石子的老街；两边宽大的法国梧桐树；还有那条流淌着清水，延伸到远方的小河。心中感叹真是回不去的童年，回不去的故乡。

晚上与一群儿时的伙伴依依不舍地道别，连夜兼程开往上海，明天将坐飞机回旧金山。

一路上我想起了大学同学陈陟云的诗《在河流消逝的地方》：

远山已远
家园更远
在河流消逝的地方
我该用什么斟满海碗
为谁举盏
再也没有谁会唱着忧伤的歌子
在河流消逝的地方
我仰望苍穹
没有人还能相信
每一颗星辰都是泪眼
在河流消逝的地方
大地如此沉静
沉静得让我心潮起伏
泪流满面

一种音乐般的旋律，在心中萦绕回荡。车窗外，我看到了童年的小河，也看到了世界的宽阔与苍凉。

走了很远的路，再回到故地，我突然醒悟故乡已经不再是一个简单的地理坐标， 它是我们心灵的港湾，情感的归宿。它是我们的心灵得以安放的地方。

原文完成于2014年7月

首发于《忆乡坊文学城》2016年3月7日

儿时，过年的味道

小时候总是盼着过年，那是漫长的等待。盼望中好像日子过得特别慢，过年的脚步总是迟迟到来。

我童年的大部分时光是在江南水乡的一个小镇上度过的。童年的“年味”，是一种镶嵌于生命的记忆，随着岁月的流逝与时空的转换，那记忆却总是醇厚浓郁，真真切切。

七十年代的江南，不同季节中蔬菜瓜果还算丰富，但是那个年代物质生活相当贫乏，一年中只有过年的时候，全家人才能尽情地享用所有的美味佳肴。

过年是一年中最喜庆的日子，也是儿时记忆中最幸福的日子。

母亲的祖上曾是大户人家，外婆生养了十几个孩子，活下来一半，她老人家操劳一生，很早就过世了。我从来没有见过她。

每年元旦后，外公就开始忙着备年货。苏州的舅舅常常会送来几条大魚和许多苏州特产；无锡的姨妈会送来很多猪肉、鸡鸭和各种点心。大阿姨和外公把魚肉用盐腌制起来，在一头系上绳子，然后掛到天井里去晒干。他们也常常把鸡、鸭，香肠等晒干，等待过年食用。

腌制后晒干的食物不仅可以存放很久，而且味道很香，别有一番风味。

有些菜与年货都是家里过年必备的，既是风俗，也是为了讨个好兆头，往往在食物中寄托了对新年的美好祝愿，对岁月人间的无限情感。一些不可少的食物都是有寓意的。

年糕，代表着“年年高升”；

魚，代表着“年年有余”；

柿子，代表着“事事如意”；

橘子，桔子代表“大吉大利”；

汤圆，代表了“团圆”，等等。

有些菜做起是很花时间的。爷爷奶奶家自己水磨糯米，做成糯米粉，然后自做年糕与汤圆。自己酿酒，自己做豆腐及各种豆腐品。他们总是做了很多，亲友们互相赠送。

看着外公和姨妈把腌制的鱼与肉，早上拿到外面晒，晚上收回来，记不清他们需重复多少天。但是用心制作的食物，味道就是不同。我最喜欢吃的腌笃鲜，咸肉加鲜肉，鲜笋加扁尖（咸笋），煮在一起，那味道的鲜美与丰富，吃了一口就停不住。

小时候过年有很多我喜欢吃的菜。制作蛋饺给我留下很深的记忆。外公用个小的铜勺在煤炉上做蛋饺，我也跟着学了点厨艺。他在大碗中打入十几个鸡蛋，搅拌均匀后，煤炉上调好火候，小铜勺加温到适当程度，放入一小勺搅拌均匀的蛋汁，然后让蛋汁均匀地铺开成圆形蛋皮，中间放入调好的肉馅，然后翻起一边的蛋皮，与另一半对折成半圆形蛋饺。

外公总是做很多蛋饺，形状十分均匀，可以用上一、两周。需要做汤时，放入蛋饺、肉丸子、豆腐泡、粉丝，再加上其他汤料，味道十分鲜美。

做这些菜都是慢工夫，每个程序都不能急，不可省，这种精细的制作食物的方式总让我感到现代忙碌的生活与美国流行的快餐文化是多么粗糙。

外公对二十四个节气滚瓜烂熟，常常掐着手指头数数还有多少天，到什么节气。春节还有几天，他最清楚。小年送灶王爷。然后家家户户开始在节前打扫屋子，贴春联、年画、剪纸。红纸黑字的对联，还带着油墨的香味，一贴到门上马上就感到喜气洋洋，快过年了。老人说这种大红色，不仅喜气吉祥，还可以辟邪除灾。对联的文字充满了迎祥纳福的美好祝愿。

这时大人们都放下其它活儿忙着备年货，给孩子们做新衣裳。学校开始放寒假，孩子不用上学了。商店街道张灯结彩，到处都是过年的喜庆景象。

小年夜与大年夜，大人们在厨房忙着做一道道菜，我闻着鸡鸭鱼肉的香味，一会儿在厨房转转，偷吃一块肉，一会儿蹦蹦跳跳到外面去玩，等待着吃一年一次的年夜饭。

外公把家里巨大无比的大铁锅也拿出来用上了，可以做几十个人的饭菜，上面放上一层木架子，还可以蒸食物，糕点。

年夜饭总是满满的一大桌子菜。我习惯去数数一共有多少个菜，但是太多，时常数不过来，一般不下十五、六个。很多菜准备了很大的量，可以一直享用到初十，甚至十五。

在儿时的餐桌上我懂得了什么叫家人团圆。大人在准备这些食物中的用心，包含着浓浓的亲情与爱，寄托着无限的情感。

老人说吃了年夜饭就长一岁了，所以儿时盼过年，如同盼望自己快快长大一样。

年初一是最开心，最喜庆的一天。一早穿上新衣服，大人会给小孩压岁钱，然后我们在街上乱跑乱窜看热闹。

见到敲锣打鼓的人群，慰问军属烈属的队伍；街上有唱戏的表演；有爆米花玉米花的小商在现场制作；邻居见到孩子就会给你糖果，给你零食吃；大家见面都十分亲热，互相拜年。

一大早就可以听到放鞭炮的声音，家家户户沉浸在喜庆的气氛中。据说年初一开心就会给你在新年里带来好运，所以大家都会快乐悠闲地过初一，没人劳作。

也有不少习俗要记住，例如初一不能扫地，不能倒拉圾，那会影响一年的财运。

记得有一次年初一，我和妹妹被断断续续的鞭炮声吵醒，以为天快亮了，我们迫不及待地爬起来，兴奋地穿上了一身新衣服，可是窗外仍是一片漆黑，从楼上的卧房不断地看着木窗外的天空，盼着天亮。姨妈，外公也被吵醒了，陪同我们聊天，一直聊到很久才发现夜深人静了。原来是邻居守夜到凌晨放的鞭炮，外公催我们快去睡觉。

过年喜庆的气氛会延续好几天，大家走亲访友，回"娘家"，"婆家"， 一大家子，老少欢聚，真是热闹。童年盼过年，儿时的年味并非几个字所能表达。

过年有吃不完的美食；

过年有新衣穿；

过年是喜庆的日子，是家人团聚，亲朋互访的日子；

过年是辞旧迎新，新的一年的开始，充满了希望；

好像过年时小孩子什么愿望都能实现！

年味带着浓浓的亲情与人间温暖，根植于几千年农耕民族的风俗文化。

一位朋友说，如今可以天天过年，但是再也找不到小时候过年的味道了。是啊，物质生活的丰富，现在可以每天过年，只要肠胃功能可以承受，然而儿时的年味，如同一去不返的童年一样，只存留在我们记忆的深处。

现在不再盼过年了，只觉得一年又一年，过得太快了，岁月的脚步可否走得慢一点？转眼间，又是一个中国新年快到了。在美国过中国春节，没有节假日，也许避免不了吃喝几餐。

但是我问自己是否能安静、用心地品味一、两样自己喜欢的食物？在节日里是否可以回归到平静，是否仍然能体会到亲情与友情的温暖？是否可以给过度刺激的感官与胃觉来点清淡？也许我们可以用心地做几样食物，并从中品味出食物原本的味道与食物之外的美意？！

2016年2月

看望爷爷

爷爷，我看您来了！跨越千山万水来看望您。

穿过村口的车站，那是多年前的一个冬日里，我和您道别的地方。记得那个午后，我站在汽车门前，迟迟不肯离去，直到喇叭催促，才迈上车去。您站在村口，微笑着向我挥手，久久远望着，直到载着我的车子消失在西山后。

您微笑着嘱咐我一路小心，目送我远行的一幕，便是刻在脑海，永远不曾忘怀。

今天，也是一个午后的时辰，但是一个六月天。太阳烧得地上发烫，人们都躲到了可以遮阳的屋檐下。镇上几乎没有人走动，街上空空，死寂一般。我却全然忘记了闷热。心里想着，在这空寂的午后，您一人是否也会感到寂寞，便赶着要去看望您。

越过小溪，走过一条石头铺成的小路，爬上山腰，终于见到了刻着您名字的石碑。此刻，您座落在青山翠竹之间，婺江的绿水围绕着您的身边。这便是您长眠的地方。

爷爷，我看您来了！此刻，您是睡着，还是醒着？我轻轻地坐在您墓前的石头台阶上，生怕突然惊醒您。就像小时候，抱着您的腿，静静地坐在您身边，听您讲牛郎织女的故事一样。

爷爷，您一生都是那样从容不迫，可又为什么最后走得那么匆忙？没来得及与您道别，您竟不打一个招呼，便永远地离开了我们，离开了这个世界。没想到那年村口车站的告别竟成了与您的永别。

现在，我终于又来到了您的身边。此时，我与您只隔一块石碑，一层黄土，您知道孙女来看您吗？我看着您，您是否也看着我？

青山不语，绿水潺潺。逝水，逝时，谁也拦不住。

死寂，闷热。

忽然，一阵轻风从身旁的翠竹林吹来，令人精神一振。我抬起头来。这瞬间，我忽然感受到了您的关怀。这阵轻风，一定是您送来的。那便是您的问候，那便是您深情的爱。我又看到了您慈祥的面容，和蔼的微笑，仿佛又握住了您那双厚厚暖暖的大手，然后把我的脸庞贴在您的手掌之间，把头埋进您的胸口。

爷爷啊，您离开的时候，我在大洋彼岸没能为您送行，当时心里悲痛难忍。我怎么也不能想像，怎么也不能相信会永远见不到您了。在心里，我总感到您绝不会离开我们的。我们只不过是相距远方，就像几年来，您在故乡，我在大洋彼岸一样。虽然，我们远隔千山万水不能相见，但您永远都在那里面对着我微笑，而我也永远牵挂着您的温寒。

让我在您身边多呆一会儿吧，爷爷。翠竹林婆娑起舞送来阵阵清凉，婺江之水，是我绵绵不尽的思念。爷爷啊，在我心里，您从来没有离开过我，也永远不会。相爱至深的人是永远不会分离的，无论是在哪一个世界，他们之间有着一种永恒的精神联系。

爷爷，我会带着对您的爱和思念，直到永远。

1993年7月

写在母亲节

妈妈，
我是您的女儿
我是女儿的妈妈
是您见证了我的生命
从我的第一声哭泣
到我的第一次站立
您见证了我生命的能量
也见证了我生命的残缺

妈妈，
我是您的女儿
也是我女儿的妈妈
我是很多亲人带大的孩子
如今，我的孩子也离开了家
当我从女儿成为妈妈的角色
我慢慢地长大

妈妈，
您的孩子长大了
而您已经步入垂暮之年
但是您在我的心中永远是
五月的牡丹，十月的菊
您是冬日里盛开的水仙
妈妈，祝您母亲节快乐！

2018年5月 母亲节

写在妈妈的生日

离开您多年，又一次回到您的身边，妈妈！十月的北京，还是那样美丽、迷人。

清晨，正准备出门，爸爸无意中告诉我，今天是您的生日，想对您说些什么，一时又不知如何表达，竟没来得及对您说一声生日快乐，便离开了家。

我在街上漫步走着，忘记了出门的理由。穿过熙熙攘攘的人群，我想为您选购一件心爱的礼物，于是，钻进了沿街的商店，一家紧挨着一家地选购。匆匆地走进一家，失望地走出，然后，又满怀希望地走进另一家。

商店里的东西很多，但没有一样能够表达我此刻心中的感受。于是，我想先买一张生日贺卡，给您写下几个字。

挨着临街的商店，走了一、两个小时，也没有看到一张合适的卡片。看到很多鲜艳的贺年片，生日卡，上面写着给情人的海誓山盟，朋友间的互相祝福。偌大的北京城竟找不到一张特别为母亲做的生日贺卡。售货员一张又一张地把卡片放在我面前，我不断地摇着头，那些卡片里写着各种各样的语言，但都不是我想要对您说的话。

在上百张卡片里选了又选，最后选了那张并不耀眼的画面。封面是一位手持鲜花的儿童，上面写着：祝您快乐。而我喜欢的却是翻开卡片，里面的一点空间，难得找到的空间。我不想借助别人的语言，希望能在这个空间里给您写上几句自己的话儿。

揣着这张小卡，为了躲开拥挤的人群，走到街道对面的一个小巷，找到一家安静的小馆，然后在靠角落的桌子旁，面对墙壁坐下。

我打开卡片，从随身的小包里拿出笔来，还没来得及写什么，泪水却怎么也忍不住地流淌了下来。

妈妈，这是女儿有生以来第一次在您身边为您祝贺生日，心中悲喜交加。前些天，收拾书柜，又看到您大学时代的像片。年轻时，您是那样美丽而端庄。

如今，女儿长大了，换来的是您脸上的皱纹，头上的白发。您孕育了我们的生命，给予了我们一切。此刻，我怎样才能表达心中的感激?

妈妈，记得年幼时，我对眼前的世界充满了好奇与诱惑，我总是要挣扎着冲出您的怀抱，还说要离您越远越好。

如今，女儿走遍了世界，才知道世上最美丽的地方，还是在您的身旁。您的身边才是世界上最温暖、最安全的地方。妈妈，女儿在这个世界上执着地寻找，跌跌撞撞，生生死死多少回，才知道，在这个世界上，您给予的爱，才是最纯洁、最无私的爱。

在海外飘泊的日子里，时常想起您给予我的影响。您的一生是那样艰难，又是那样优雅。您让我领略了人生的确存在着另一番境地，那是一种超越自我的境界。您的善良，赋予了我做人的信念；您的坚强，给予了我浪迹天涯的勇气；而您的智慧，是我战胜困惑的无穷力量。

妈妈，那么多年来，我们都没有机会，也不习惯，在彼此面前毫无保留，不加掩饰地表达自己的情感。当我赢得掌声的时候，您常常以表面的严厉，去展现心中的自豪；用表面的冷酷，去表示对我的爱和期待。当我失落的时候，您却用整个身心支撑着我的精神。在我年少时，曾为您的严厉而感到委曲，而现在才懂得您的匠心和深情的爱。

您不仅给予了我生命，还给予了我强大的精神支柱。妈妈，我该怎样感激您？望着眼前的卡片，只感到人类语言的贫乏和自己表达的极限，我用爱和泪水蘸满笔尖，写下了这几个字："妈妈，我爱您。祝您生日快乐，天天快乐！"

我小心地揣着这张小卡，走出小馆。这时已近傍晚，秋风吹来，夹带着一丝凉意，我又在临街的商店里，一心想给您选一件称心的礼物。

妈妈，走遍了北京，纵然走遍全世界，也不会找到一件礼物可以表达我心中对您的爱和感激。那么，让这件买下的厚毛衣，在深秋里为您挡一点风寒吧，希望它能在这多变的季节里，给您增添一点温暖。

妈妈，祝您生日快乐，永远快乐！我亲爱的妈妈！

原文写于1993年10月北京

首发于香港《紫荆》杂志1994年7月

修改于2018年5月13

第二章　留学故事

远离了故土，陌生的城市，不同的语言，

孤独和挫折感相伴，经历了第一次精神上的断奶，

从此开始独自行走。

我们这样长大

那天早晨，我像前几天一样，在一楼的小餐厅吃完早餐，又在翻看当天的报纸，用心地在广告栏上找着住处，并记下电话号码，准备一会儿再去看房子。这时，南非来的一位留学生走进餐厅，他也是两、三天前刚来温哥华读书的，名叫赛特尔。

“小东西，你还没找到住处？我昨天找到了一个很好的公寓，明天就可以搬进去了。”他高高的个子，可是舌头又短又硬，发不出我名字的声音，便叫我“小东西”。我有些心不在焉，眼睛仍盯在报纸上。我知道他找的房子，房租可能会高于我每月的助学金。

这时，匆匆走进一位身穿乳白色风衣的女人，头戴着一顶漂亮的大帽子，风度翩翩。我辩不出老外的年龄，看上去大概有三十多岁吧！她显然是来找赛特尔的，看见我便友好地朝我笑笑。

“这是莎伦，教育系的博士生，我的同事。”

“这是小东西，刚从中国来，正愁找不到地方住。”赛特尔给我们互相介绍。

“你可以去学生宿舍办公室问问有无空位？”莎伦关心地说。

“早订光了。”我扫兴地回答。

“那你要是不在乎的话，可以住我的宿舍，只是我的东西都在那里占地方。”她毫不犹豫有非常不经意地说。我有些不相信自己的耳朵。

她见我发呆，又解释了一句，她马上去东部，这学期不会回来，赛特尔马上要送她去机场。

“多少房租？”我生怕太贵，也许她想当二房东，让一个毫不相识的外国人搬进自己的房间，我有些不敢相信。

“不要房租了，我的东西都在里面，没有住，我也一样交房租，这学期的已付清了。”她说着，把她的地址，钥匙都留给了赛特尔，让他带我去。并嘱咐了一些事，诸如，洗衣房，信箱在哪里。

见面不到三分钟，莎伦便匆匆地赶飞机去了。她去东部收集记文资料，顺途去看望她的丈夫。行前，她把自己的汽车留给了赛特尔，把她的宿舍留给了我。这是怎样的一个女人，我感到有些惊讶和神秘，来不及道谢，一转身她便消失了。

我把行李箱搬进她的宿舍。这间房子不大，十几平方米，屋里却收拾得干干净净，书架上摆放着一些可爱的贝壳和玩具，衣橱里摆得整整齐齐。

厨房兼客厅以及卫生间是几位学生公用的。法学院就在这幢高楼后面，从宿舍到教室，走路也只是几分钟。没想到一周的失落后，会遇到这样一位热心人。她给予的空间，使我的生活安顿下来。

当然，第一学期的留学生活是毫无轻松可言的。为了放松一下，刚放假，便到美国旅游了一圈。可买的便宜票又必须在十二月三十号回加拿大。一人在路途中，过往的城市充满了过节的气氛。人人都是回家过节，而我呢？孤零零的，只有影子伴随着我。

再回温市，我搬到了刚申请到的学生宿舍，与莎伦同在一个宿舍区，两幢楼紧挨着。根据学校的房租，我取了现金，留在她的桌上，并写了一张感谢的卡片。忙乱之中，却忘了写下新居的地址及电话。

圣诞新年节日期间，校园里很少行人。晚上宿舍楼里更是死寂一般。我住的那个单位，除了我以外，没有任何人，心里真有点恐惧。好在读书，写paper，永远做不完的功课在等着我。

新年晚上，我正在孤灯下读书。突然，电话铃声响了，我有些欣喜若狂，一个陌生，柔和的声音传来，是莎伦！

“过来喝杯茶好吗？”她邀请我。

几分钟后，我们便见了面，她按礼节，拥抱了一下我，对我说：新年快乐！这是我们第一次仔细端详对方，除了她柔和的黄发，幽深的蓝眼睛外，我没感到任何的陌生。

她一边从旅行袋里拿出从家里带来的圣诞蜡烛，一边忙着为我倒茶。她点上蜡烛，屋里顿时有了一丝过节的气氛。

“想家吗？”她关切地问。

这似乎正击中我的致命处，眼泪便一串子地落了下来。

她走过来，象个大姐姐一样，又安慰地拥抱了我一下。“离家那么远，过节又不能见他们，一定是很难过的。但我们都是这样长大的。”她很理解地对我说，你现在有我这个朋友了。

喝了几杯茶，她慢慢地告诉我一些有关她身世的故事，更多的事情，当然是我以后才知道的。

她出身加拿大东部，父亲是个酒鬼，在她几岁时，父母便离婚了。她十八岁那年结了婚，嫁给了一个中学老师，业余画家。她自己当了多年小学老师，但是不甘心生活的清贫和一年年重复的工作，便回到学校读书，读了硕士，又在中学任教几年后，决定到温哥华来读教育系的博士学位。她比我大十二岁，整整一圈。

她的先生，仍然在加拿大东部。他们分居几年，但是感情一直很好。她很爱丈夫，一周给他一封信，或寄一盘磁带。她希望尽快毕业，找到工作，把先生接来。她的和善和爱心是不用表达而自然显示出来的。

因为第一次见面的慷慨相助，也因为两颗同样寂寞的心，我们一下子便感到很近，像是多年的朋友。

读累了一天书，我们常在一起喝茶。有时是在我宿舍，更多的是在她的宿舍，因为她的宿舍我们都很熟悉，而且景色更美。从她的宿舍窗口可以看到远处温哥华的城市灯光，还可以看到海湾的一角，以及斯坦林公园和大桥。

有时，莎伦把灯光调得昏暗，喝着茶，听着音乐，看着远处的景致，这是很容易让人入梦的。往往这时，我们都不再说话，只是看着远方，各想着自己的心事。大概半小时，一小时后，我们又要回到各自的书本里去，便互道晚安。

那时，她正在写博士论文。平时，我也忙于功课，除了Tea Break，我们很少在一起。但傍晚与她一起饮茶的时光，常常是最轻松的时刻。

周六，我喜欢睡个懒觉，算是对自己一周的补偿。起床后，便又要去读书了。莎伦喜欢早起早睡，而我喜欢熬夜。周六清晨，她常去温哥华市的格蓝维小岛，到那个小岛市场去转转，买点新鲜的水果蔬菜，在小咖啡馆吃点早餐。她标准的早餐是一个小面包，一杯茶。

不知方向的外出，总让我感到疲倦。我一反常态地喜欢安静，不愿出门，宁可独自在宿舍发呆。更多的时候，我是在担心没读完的书。

莎伦多次邀请我去小岛，我总是婉言谢绝。一个周末，我刚懒洋洋地起床，准备去图书馆。突然，莎伦来了！她穿得很漂亮，还化了点妆，平时，她是很少化妆的。

我问她，今天是什么特殊的日子啊。

“Let’s make it special!”她笑着说。

然后，她十分客气地问，能不能邀请我去城里转转。她说，不能只是读书，有些时候要款待一下自己。

见她这幅神情，不知是被她的情绪感染了，还是没有理由再次拒绝，我便也穿上一件外套，随她出了门。

她驾车把我带到格蓝维小岛，这个小岛市场有各种各样的鲜花，蔬菜，食物丰富。小岛市场外，海鸥成群，　海湾对面的青山上绿色葱葱。小岛旁，有不少停泊的帆船。

我们在临水的那家小咖啡馆坐下，一人要了一份早餐，还有一杯必不可少的茶。看着窗外美丽的景致，任凭海鸥在我们的身边飞来飞去。

“真美！”我由衷地感叹。

莎伦温和的眼神中忽然闪过一道忧郁。“真希望在这里留下来，可是找工作很难。”她叹了一口气。我第一次知道，她开始为毕业后的工作而担心。

她先生辞去教职，马上要搬到温哥华来。一是想结束牛郎织女的生活，二是想专心绘画，追求他的艺术梦想。

可是，这个城市物价，房租都很贵，找工作又难。

下午，我们转到温哥华市的English Bay，这是莎伦最想居住的地方，走出公寓，便可以到海边散步，临街便是咖啡馆，商店，生活很方便。这些公寓里面也都是装饰讲究，布满鲜花，绿草，充满情调。她觉得应该给先生提供这样一个优雅的环境，能启发他的艺术灵性。当然，房租是很贵的。

傍晚，市中心已是一片灯光了，我们乘渡船到North Vancouver看夜景。在渡船上远望，发现温哥华散发着一种迷人的魅力。灯光是那么灿烂，又是那么神秘而详和，让人感到生活在灯下的人们是这般宁静，爱好和平。我心底里的某种不安和焦虑，忽然被这美丽的夜景融化了。

从此以后，星期六上午，我便常与莎伦去格蓝维岛，去吃早餐，并购置一周要消耗的食品。

不久，她真的在English Bay租了二室一厅的公寓，高高兴兴地迎接她先生的到来。她搬出了校园，离我远了，见面自然也少了。去她家做过两次客，看到她精心布置的小家，她先生的画室，还有待完成的油画，我真为他们高兴。莎伦盼望已久的，就是这样的生活啊！我怕打扰他们的宁静，很少去他们家做客，没有车，来往也不太方便。

我离开温哥华的那一天，莎伦和她先生到我的学生宿舍来为我送行，他们穿戴整齐，郑重其事来向我道别。我有些伤感，毕业后我们恐怕很难再见，但极力控制自己的情绪，法学院的学生一挥手，便没了行踪，从此，再也不会相见。但面对莎伦，天性中软弱的一部分又在这种情景下显露出来。

莎伦和她先生执意要开车送我到车站，我们有些回避彼此的目光。在我挥手上车前，她猛然回头，泪水顺着她的脸庞流下来。这时，我感到远离了一位最亲近的朋友，又开始了孤独的生活。

来到美国一周后，便收到了莎伦的来信。字里行间充满了温馨的情谊。“时间会很快过去，等你毕业了，回到熟悉的故土，再回头看今天的生活，会是何等的一番经历。”她还写道：“飘荡的生活，给我们带来更多的生活体验，我们就是这样长大的。”

她那美丽的语言，她那颗美丽的心，鼓励安慰着我孤独的灵魂。

相距更远了，也是彼此忙于生存，除了重要的日子寄张卡片，通话也很少了。但在心里还是常想起她的，想起我们在一起的时光。遇到难处，也常想起她的那句话：我们就是这样长大的。

后来，得知她没能在温哥华找到工作，到加拿大东部工作了一年，我们仍然保持着联系。

我在美国法学院毕业前夕，莎伦到校园来看望过我一次，这次见她明显地苍老了很多，身体也略微有些肿胖，她准备到美国来找工作。当时，　我马上要去纽约上班，她劝告我：纽约是个可怕的地方，没有生活质量，去不得。我心想，生活对于我来说，只是生存，还谈不上质量。

我们为彼此祝贺。她也马上要进行论文答辩，终于可以走出校园，去挣一份薪水，可以支持她先生画画。这便是她多年的期待，她自豪地寄来一些她先生的作品照片，的确很有艺术天赋。

没想到，莎伦从美国回去不久的一个夜晚，忽然打来电话，告诉我，她正在收拾行装，准备来投奔我，她先生突然要与她离婚。

“你是我在这个世界上最好的朋友，我能不能去找你？”她带着哭腔。

我正抱着一本厚厚的书，正在准备参加纽约律师资格考试。她的一通电话，使我心神不宁，真为她着急。

“你任何时候都可以到我这里来。”我安慰她。

“到底发生了什么事？我在这里听你说。”这时，我知道，我既不是律师，也不是法官，不能为她作任何判断，她需要的只是一个朋友去倾听她的诉说和委屈，而我想告诉她，我总是在那里，当她需要的时候，我总会在她的身边，就像当年她在我身边一样。

他们分居了一段，　还是离了婚。艺术家的任性，经济的拮据，使他们的生活变了样。

那时，我正在纽约工作，莎伦也在美国找到了一份教职。那个感恩节，她到纽约来看我。

她又是面目一新，戴上了那顶漂亮的帽子，就象七、八年前我第一次见她那样，美丽动人。

“我过去害怕一个人生活，现在终于也学会了独自生活。”她微笑着，生活的灾难并没有把她压垮，但多愁善感的她，在美国独自生活，一定有很多苦衷，我想。

“我们就是这样长大的。”我重复着她曾对我说过的话，不知怎地，眼角却有些湿润。

莎伦现在加州湾区的一所大学任教，我周转了地球几圈，也来到了加州，我们都在这里安了家。她在山里买了一幢漂亮的房子，我自然是她美丽城堡中的常客。

原文完成于1992年6月

发表于《新大陆》1995年1月

我的车死了

我的车死了。我心爱的蓝色尼桑跟随了我五年，终于在我要离开美国的前一天走不动了。行程表上已是十二万英里，她的行程已超过一般车的寿命。她一定是累死的。

站在一旁，想为我修车，却第一次感到束手无策的安文对我说："她也许是知道你要走了。"

他想安慰我，我却感到心里更加难过。

我和安文开着这辆车曾从美国东海岸的麻州，横跨美国十几个州，开到西海岸的旧金山。然后，又沿着西海岸一号公路直下加州，一直开到墨西哥城。我们开着这辆车曾到过美国最南端的西湾角，到过美加边境的大瀑布，然后北上到加拿大的魁北克。没想到今天，她再也走不动了。

三个月前，我就感到车发动时声音有点怪，开起来也有点不听使唤。我送去车库做了一次检修。

"小姐，我劝你换辆新车吧！这车太老了，已不值得修理了。"修车的老师傅对我说。

"你修不了，我找别人去修。"我有点不高兴地说。

“好吧，你要修就修吧！”他说着从口袋里拿出一个计算器来。

“闸要换，离合器要换，轮胎已磨损，前轮驱动轴已烧坏……”他一边说着，一边在计算器上打着，最后把计算器一合。

“两千八，最低价，我相信你找不到比这更便宜的了。”他大声对我说着，好像生怕我听不见似的。

这可吓了我一跳。我心里明白这辆车卖掉也值不了那么多钱了。车太老了，修了这次，也保证不了长远。可是这辆车载着我无数的记忆，要抛弃它，我有点下不了这狠心。

我还是嘱咐那位老师傅修了车。可是，她只坚持了三个月，这回发动机已彻底死了。我坐在门口的台阶上，呆呆地望着我的尼桑。

我还清楚地记得，那是五年前的一个冬天，安文替我做决定买下的车。说实话，当我第一次见到这辆车的时候，我并没有像以前两辆车那样一见钟情。那颜色是深蓝的，样子结结实实的，我说不出什么感觉，却总感到缺乏一点美感。

“这种蓝色带着一种灰气。”我有点扫兴地对安文说。

“买车不能只看颜色。”安文在一边笑着回答我。

他的话正击中我的痛处。周围的同学都知道我的运气不好，一个学期坏了两辆车。只有安文知道我买车的全部过程。

我买第一辆车，只是因为我喜欢她的红色。谁知开了两周，她就死了。安文为我修过不知多少次，他没烦，我倒烦了，几个月后便把那辆小红车卖给车商了。

我买的第二辆车，是辆漂亮的小白车，那是我同宿舍的美国小女孩卖给我的。刚来美国不久，还没有学会心安理得地拒绝别人，不好意思谢绝她的热情，而且我也喜欢她的白色（我喜欢鲜明的色彩，红色，白色或者黑色）。于是，我就买下来了。却不料，刚过一个月车又出了问题。我感到难以理解，一辆看起来好好的车、怎么说不动就动不起来了呢！

安文知道，其实我对玩车一点兴趣都没有。我实在是不得已才去买车，学车的。有辆车，我只想有条可以自由活动的腿，刚来都克大学的第一天，我想熟悉一下校园。于是手里拿着校园地图，从学生宿舍走到法学院（仅仅从中校园到西校园）我走了四十分钟。路上没有见到几个行人，只是不时有些车辆往来。虽然我早到校园几天，学校还没有正式开学，当时我就意识到了，在这里靠两条腿走路是一件很难的事情。

几天后，我分清了东南西北，也知道怎么坐校车上学了。可是校车的时间，只是在白天，每半小时、或每一小时来一次。怕误车，我总是提前好久去车站。车站上冷冷清清的，没有几个人。有好几次，只是我一个人在等车。而且，我总记不住校车的时间，几次误了车，也误了课。每天早晨去上课，简直已成为一种心理负担。

除了上学外，去附近的任何商店都要走上半个小时以上，几乎没有任何地方是步行可以轻松到达的。我觉得自己像残废人一样，行动不便。

我的同屋是一个商学院一年级的美国小女孩。她很少在家，而且商学院在东校园，法学院在西校园，上学是不同方向，所以我也没福气搭她的车去上学。有两次与她一起去商店买菜，我就拼命地买吃的，可以用上的都想买来，就像是要把商店搬回家一样。

幸好不久，我在国际学生联谊会上遇到了安文，另外一个中国留学生。他来都克大学好几年了，有一辆非常结实的福特车。他是学霸，人又善良，乐于助人。而且，他住得离我很近，我便开始搭他的车出门。

虽然，他从未表示出任何麻烦的情绪。但是，依赖别人，并非长久之计。所以，几周后我就决定自己买辆旧车。

那天，我去法学院，在通知栏上看到一个小条："因为离校，急需卖车，好价。"条下还有主人的电话号码。我当时就按照那个号码打了电话。主人很热情，也是一个外国人。但她的口音很重，我听不太懂她的英文。加上我自己刚来美国不久，英文也说不好。只是胆子大。

她解释了半天她的车，我什么都没听懂。只听懂一句，是辆美国车。她问我想买什么样的车，我说："不知道。"

她问我住哪里，怎么去我那里。我只能告诉她住址，至于怎么到我那里，我说不清楚。她告诉我她的地址，我更不知道怎么去她那里。

最后我急中生智，"能不能现在把车开到法学院来让我看一下？"我请求她。

一个是买车心切，一个是卖车心切。她答应了。

几分钟后，一辆红色的小车就停在了法学院的大门口。我的眼睛一亮。主人打开车门，热情地迎上来与我打招呼。她是一位漂亮的印度姑娘。我一见到这辆车，就喜欢上了。直觉告诉我，这位印度姑娘真是急于卖车，不像是要敲竹杠。她出价五千，我没有讨价还价就买下了。那时，我还不习惯讨价还价，有着一种难以逾越的心理障碍。

买了小红车，通过交通局的笔试（很简单的十道选择题）就取得了学开车的执照。然后，安文便开始教我开车（据他说，我是他第十六个学生）。

我原以为开车很难，就像学一样复杂的技术。当我第一次坐在驾驶位上，安文向我解释车的开关、油门、闸的位置。那时，我忽然觉得车像个大玩具一样。

在停车场第一次学着发动车，然后把车动起来（那还不能说是开起来），我就觉得很快会学会开车的。

每天安文放学后来教我开车，我在停车场学了两次，每次两小时。第三次，他就指挥我上高速公路，一直开到半小时以外的另一个小城去。他的手不停地放到方向盘上，生怕我开出车道。他好像比我还紧张。尽管，我除了踩油门、踩闸以外，几乎什么都不知道，还是顺利地把车开了回来。那时，我第一次觉得自己在开车了。

没想到，安文让我上路壮壮胆后，便让我回到停车场练基本功，拐弯，换档，停车，倒车，一次又一次地重复。两、三天后，我就烦了。安文就是不让我上路，我第一次见他那么坚决。原来他教学生，有他一套章程，谁也不能违背，我只好服从。

又练了好几天，他让我从校园的一个停车场，穿过一条马路，开到另一个停车场。除了在马路上开车，我在停车场里总有点心不在焉。他的话不多，只是简单地发命令，大多数时间是我在说，我在问。他很耐心，好像从不怕烦似的。

两个星期很快过去了。那天像往常一样练完车，安文忽然对我说："没问题了，你能过了。"

我决定尽快地参加驾驶执照考试，有了执照，我就可以自己开车，不需要另外一个会开车的人坐在车里监护了。

在路考之前，安文带着我在考场实地开了两圈。他关照了几点注意事项。甚至路标时速上的变化都给我看了。似乎是万事俱备，只欠东风。

那天早晨，我按预定的时间到交通局去参加路面考试。考官坐在我的右边，让我把车发动起来。我神情自若地开出了停车场，然后开到了马路上，随着考官的指挥，我自如地交换着车道。

穿过一片热闹的市区，我被引上了一条小路，前面有一个高坡，高坡挡住了一切视线。我心里一点也不紧张，因为事先安文已带我走过这条路，我知道在高坡下，路标的时速要从四十五英里改为二十五英里。所以，当我加大油门上坡的时候心里就准备着下坡后速度的变化。刚下坡的时候便轻轻地拍着闸，让速度降下来。

停车，倒车，一切都控制得很好。我悄悄地观察了一下考官的表情，他像是很满意。

一切都完成了。最后，他对我说："好，现在沿原路回去。"我的心里一阵放松。

车开过几十米的小路，遇了高坡，前面就是市中心的主要街道，那街的尽头便是终点——交通局考车的出发地。

前面就是高坡了，我一边观察着时速表，一边把车换成二档，准备上坡。这车是怎么了，上坡那么费劲。我稍微使劲地加大油门，车还是不动，像是被钉在那里一样。我把车换成一档，然后使劲地踩油门，车"呜"地发出一种怪叫，车发怒了！只觉得车身向前跳了一下，停在了陡坡中。

我的脚仍踩在油门上，全身还在使劲，像是要用全身的力气推进这辆车似的。车没向前，突然倒退起来。

"踩闸！"考官一边命令着我，一边用手按响了车方向盘上的喇叭。"嘟！嘟！嘟！"

我还没有反应过来，只听见一声撞击，紧接着是一群人的狂笑声。真倒霉，我的小红车与后面过来的一辆大卡车撞上了。这位肥胖的卡车司机，还有车里的几个小伙子，不但不惊慌生气，反而探出脑袋，幸灾乐祸地笑个不断，把我气得发疯。

我们都下了车，车倒是没有损坏，只是后面的汽车保险杠有些几乎可以忽略的轻微擦痕。卡车快速离开，很快越过那个高坡，消失得无影无踪了。我的小红车却在山坡下一动也不动了。我刚刚拥有了两个星期的小红车，就是这样，而且是在关键时刻背叛了我。

考官叫来交通局的车把我送回出发地。驾驶执照？自然是成为泡影了。

傍晚，安文让拖车公司把我的小红车拉回到宿舍的停车场。

没想到车和人一样，一次背叛就意味着以后无穷无尽的背叛。

自从那次车死后，大小毛病，三长两短故障不断，折腾得我心烦意乱。更多的时候，我是坐安文的车去上学的。他每天送我上学，接我回家。他简直成为我的私人司机了。为了感谢他，我常留他在家吃晚饭。他不怎么会做饭，无论我做什么，他都说好吃。

几个月过去了，我开始习惯有人开车接送上学的生活了。法学院的生活极为艰苦，功课总是压得人喘不过气来。一周一次开车去买菜，对我来说，不是一种负担，而是一种轻松的享受。为了充分享受那一刻的自由，我喜欢独自出去乱逛一会儿，或者与法学院的一位女朋友玲玲一起出去。她刚来都克不久，还没有车。

安文知道我的性格。小红车不断地坏，他不断地修。为的是保证我的这份自由。

那是十月的一个星期天下午，天蓝蓝的，云格外的白，周围的树林都被染红了，山里林间沐浴在一片秋色之中。林间那黄灿灿的，那鲜红的色彩，还带着绿的点缀，简直像一幅美丽的油画。

我和玲玲决定去看秋景。开车在校园外面转了一圈，我们第一次发现这个校园有多么美。

虽然学会开车几个月了，但我很少一个人开车出城，甚至在这个小城，我还不熟悉主要街道。我们漫无目标地沿着都克校园旁边的森林开着车，这时我们忘记了一切。在远离人群的时候，我们走近了自然，大自然的美让我们陶醉。

当车开过附近一家小店，我们买了一些鸡肉、猪排，还买了一些燃料。然后到康尼河边上为游人准备烤肉的铁架子烤起肉来。

我们吃得那么香，笑得那么欢，像是两个童心复归的小孩子。

直到太阳落山的时候，我们才准备回学校。转了好几条路，终于上了附近的高速公路，到了高速公路上，我们凭着地图，找到了回校的方向。整个下午感到愉快极了。

穿过前面的一片小林区，学校就在眼前了。这时，我的小红车又加不上速度了，还没等我反应过来，她已经停在路上不走了。

玲玲下去推车，把车推出马路，然后想给车一个发动力。车推了一大段，还是发动不起来。我们想就这样一点一点地推回宿舍去。

几分钟后，警车就来了。警察让我从车里出来。他看了一下车，又发动了一下。

“车没有汽油了！”警察对我说。

我和玲笑得喘不过气来。人在真正快乐的时候，意外的一点插曲是决不会让人扫兴的。平时看起来是烦心的事情，那时也可以成为一种愉快的享受。

警察把我们送回宿舍。我从屋里拿出一个装水喝的大玻璃瓶，让同宿舍的美国小女孩送我们到附近的加油站，买了一瓶汽油，黑暗中又费了半天的劲，找到了我们停在路边的小车。我把玻璃瓶里的汽油倒进车里，瓶口太大了，一半是倒在地上的。

然后，我们把车开到加油站，加满了油就回家了。

晚饭时，我笑着跟安文叙述我们的“历险记”，他可一本正经地说：“乱来，这样会出事的。”

“你下次再乱开车，我不为你修车了。”他以为我会被吓住了。

从此之后的每个星期五，他总是送我和玲玲去买菜。

小红车还是常坏，为了赢得我那份失去的“自由”，我决定把小红车处理给车商，然后再买一辆好车，所谓好车，就是能走的车。

当我声明要买车的时候，我的美国同屋忽然对我异常热情起来。原来她的父亲刚为她买了一辆奔驰跑车。她父亲是位很有钱的犹太商人，每年底都要给他们兄弟姐妹一人上万美元，通过这种转让，他父亲可以少交一些税（当时我对税一无所知）。她想把她现在开的小白车卖给我。

那天，她把车洗得干干净净的。我对车真是一无所知，本想找安文来看看，可同屋的热情让我难以拒绝。我心想她不是每天开着这辆车上学吗？（我的要求并不高，能开就行）。而且，我喜欢白颜色。所以，就买下了。

小白车开了一个来月，没有出现任何问题。我的心开始踏实了，不再提心吊胆怕车死。

天渐渐冷了，有了小白车，我不再需要麻烦安文，也不用一大早去等校车了。有了这种出入的自由，生活才开始轻松起来。校园的生活好像刚刚开始适应，一个学期就很快过去了，期末考试就在眼前。

第一次用英文参加考试，而且大多数是开卷考试。心里紧张得要命。有同学告诉我，他们考试复习时每天只睡四个小时。还听说有美国同学吃睡在图书馆里。可我每天不睡八小时，脑子就发木，什么书都读不下去。临考前一、两周，只觉得脑子里一片空白，就像什么都没学一样。我想这下可过不去了。可是没有任何的退路，最后只能拼命了！

我把一切都置之度外，最后两个星期，拒绝去学校，拒绝见同学，闷在家里，玩命读书。虽然，每天照样睡八个小时，其余的时间除了几分钟吃饭以外，都在读书。而且，往往是饿了才吃。脑子实在累了，就到外面去跑一圈，冲个冷水澡，然后再回到书本里去。

怎么也忘不了，参加法学院的第一次考试，那是六个小时的闭卷考试。考试前一天，我还在背那些稀奇古怪的中英对照字典上找不到的英文单词。

那天早晨，打开门，寒风裹着雨夹雪扑面打来。

我全身冷得缩成一团，屏住呼吸，三步两步地跑向小白车。但车偏偏发动不起来了。真倒霉，这车早不坏，晚不坏，偏偏坏在这时候！一次又一次地发动，使那么大的劲，我真怕把车钥匙断在车里。

雪地里没有一个人。我急得直要哭。从小不爱哭，可不知道为什么，到了美国泪腺就变得发达起来。

天那！还有二十分钟就要考试了，我该怎么办呢？同屋刚走，她去东校园参加她的考试了。现在坐校车，甚至跑步去学校都来不及了。这时，我忽然又想起安文来，在关键时刻总想起向他求救。可这个时候，即使找到他，也可能要晚了。但他毕竟是唯一的希望。

我的心都快跳出嗓子口了，跌跌撞撞跑上楼（我的宿舍在二楼）。手指一边在拨电话号码，一边在颤抖。

电话响了几下，对方传来了睡意朦胧的声音："喂，谁啊？"才七点多钟，安文还没起床（他每天都是晚上一、两点才离开实验室）。

"是我，对不起，我的车又坏了。"我的声音在颤抖。

"没关系，中午或者下午我替你看看。"他不紧不慢地说。

"不，太晚了。现在你能不能帮个忙？"我的声音中带着哭腔。

"现在要修车？"安文不解地问着，他一定以为我哪根神经错乱了。他好像永远不会着急似的，我都快着火了。

"不，我要去法学院参加考试，八点钟的考试。"我还没说完，就听他自言自语地说："已经快八点了。"

放下电话，几分钟的时间，他的车就停在我的门口了。我抓起那个大书包，冲下楼去。虽说是开卷考试，到考场也决不会有复习的时间了，非要把所有的教科书和参考书都带上，心里才踏实。

不到十分钟，我就到了法学院大门。

"好好考试，考完了给我实验室打电话，我送你回家。"安文微笑着对我说。

我心里非常感谢，却说不出一句话来。向他招招手，便大步向考场跑去。

考场里已经坐满了人，每个学生都那么严肃，考卷都已放在桌上，好像只等待着监考老师的一声令下，去打开考卷了。

考场里安静极了，我只能听见自己的走步和喘气声。我显然是最后一个到场的。当我走进门口的那一瞬，几十双目光一齐向我投来。我忽然感到肠胃一阵痉挛，直想拉肚子。我觉得自己紧张得快要支撑不住了。

幸好，刚坐到位置上就开始考试了。打开卷子的那一刻，我开始进入正常状态。

不知从哪来的印象，以为在美国读书像玩一样。我出国留学，就是想来玩的，谁想到来受这份罪。

六个小时的开卷考试，从上午八点到下午两点。我没有吃早餐的习惯，六个小时里不停地写，也没有吃东西。考完试，全身的力好像都用尽了。这种考试，与其说是考智力，还不如说是在拼体力。

两个星期的考试终于熬过去了。自我感觉还不错，至少我是尽了全力，心里很是安慰。考完了试，觉得有点累，走起路来也不像以前那样蹦蹦跳跳了。安静下来后，感到心里多了一点说不出是什么的东西，只觉得自己沉重了好多。同时又觉得放下了一种包袱。干事也不像以前那样着急了。

考完试那天，安文又来为我修车。他不知哪来的本事，打开工具箱，打开车盖，动动这，动动那，换个什么东西，折腾几下，车就又动起来了。

我跟他开玩笑，"安文，你别学物理了，读什么博士呀，开个修车行吧，保你赚大钱。"

他只微微一笑。我想他帮助别人买的车，修的车，早已数不过来了。他功课很重，还要在实验室工作，每天很忙，可他对别人总是有求必应的。那个晚上，他告诉我在校刊上有一则卖车的广告。是一辆用过四年的尼桑车，出价五千。他已经去看过车了，主人保养得不错。

"那车你可以放心地用上几年了。"他对我说。

我正想着驾车去南方的弗罗里达海滨过寒假。一咬牙拿出五千美元——几乎是我全部的积蓄，买下了这辆尼桑。

第二天，我们就驾车南下。这是我来美后，第一次驾车长途旅行。我们一直开到美国最南端，在那里我第一次见到海上最壮观的落日。

刚开这辆车的时候，心里总感到有点别扭，因为我总觉得它不像是我的车。可当我们开着这辆车从海滨回到学校时，我已经开得很顺手了。有了这辆车，我们告别了修车的时代。

现在我可以说是有点懂得车的脾气了。我不再需要安文帮忙，自己学会了定期换油，定期检查。我还在高速公路帮人家的车充过电，换过轮胎呢！

一晃就是五年，尼桑随我读百卷书，行万里路，从未背叛过我。只有一次，我为她伤过心。

那已是二年前，安文和我应纽约一位朋友之约，去百老汇看《蝴蝶夫人》。都克是个偏僻的小城，没有太多的文化生活。我们常驾车去纽约或波士顿过周末。安文喜欢长途驾车，从都克到纽约五小时的车程，这段距离对他来说，简直像是一踩油门就能到似的。

纽约城里开车比坐地铁还要慢。为了找一个停车的地方，常常要在街上转不知多少圈，停车场很贵，而且很多时候都是车已满没有停车位了。为了省了这份麻烦，那个星期六我们先把车开到纽约朋友家，然后，我们一起坐地铁到百老汇剧场。我的那位朋友，住在一个很好的区域，车停在他家门前，心里自然很踏实。

我万万想不到，当我们看完剧回来的时候，我们发现尼桑被砸了！左边车门上的两块大玻璃被砸得粉碎，中间一个大窟窿，碎玻璃渣满地都是。我简直惊呆了！

我的纽约朋友急急忙忙让我们进屋给警察打电话。他住在三楼，我们一口气爬上了楼。

房门虚掩着，门上的两道锁都被撬开了。推门一看，那情景真是惨不忍睹。满地都是乱七八糟的衣服，打破的坛坛罐罐，书桌上的抽屉也被砸在地上，像是强盗刚来过一样。我的心里一阵阵恐惧。纽约的朋友也慌张起来，他的电视机、音响、摄像机、计算机被抢劫一空。

纽约的警察真有耐心，我们等了好几个小时，他们也没有来。警察只是在电话上问了一下被盗的东西，让我们去填张表。他告诉我们明天派人来取指纹。

第二天，我们等了一整天也没有人来。给警察局打了好几次电话，只是让等着。

最后，纽约朋友对我说："你们死了心回去吧，警察永远不会来了。"我一边把车里的小碎玻璃渣捡出来，一边痛骂着纽约，还有纽约的警察。

安文站在我边上自言自语地说："这车好可怜呀！"他的神情，活像是心疼一位受了伤的孩子。

纽约的那一幕让我好几天缓不过来。以前听说纽约"奇闻"，总像听故事一样，可是当这样的事情真真实实地发生在自己的身上，我再也不愿开车去纽约玩了。

我的尼桑跟着我走遍了美国的东南西北各个角落，还曾到过加拿大、墨西哥。她戴着我五年北美生活的一切记忆。

我终于在法学院毕业了，又在纽约工作了一段时间，准备回国了。没想到我心爱的尼桑，在我回国前的一天，终于走不动了，莫非这车也有情吧！

安文给拖车公司打了电话，一辆大拖车来到我的宿舍门前，把我的尼桑拉走了。我在大卡车后面走着，目送着她的远行。

完成于1992年6月

首发于《新大陆》1994年8月（第十期）

毕业典礼

夜已深，我仍然坐在书桌前，眼前摆着几本厚厚的书。终于翻过了最后一页，合上了书本。深深地呼吸了一口从窗外吹来的新鲜空气，心里有点激动地盼望着明天的到来。

明天，我会送走法学院最后一门考试。仿佛已经走了很远的路，今天终于接近了完成。我的心在宁静中带着甜蜜的憧憬。

明天，将是一个多么美丽的日子！

我把久久停留在书本上的目光投向远方，投向天边看不见任何东西的地方，让幻觉把我带到那个遥远的地方去。

明天！我带着神往，畅想着走进那样的一个日子：在那里，我可以卸下背得死沉沉的书架子，可以不再被赶鸭子似地，被人从这头赶到那一头。放下沉重的笔，我要睡上三天三夜，或者，我要放纵地大喊大叫。喊着一个熟悉的名字，从校园的这一头跑到那去，发疯般地跑个不停，直到丧尽我全部的力气。也许我什么都不会做，只想静静地告别校园，回到家里，一个人望着夕阳，呆呆地坐上一个黄昏。

然而，想象总比现实更加美丽。我狂热地幻想着明天，想像着灵魂深处那一瞬间的如释重负。但是，当这一切来临时却完全是另一番情形。

第二天一早，像往常一样走进考场。我凝视了一下周围，一张张期盼的脸上洋溢着光彩，同学们沉着镇静地坐下来。

我也在自己的位置坐了下来，从容地打开考卷。这一瞬间，我发现自己并不急于要完成什么。我只是很认真，很专注地拿起了笔。开始写字的时候，周围的一切都离我远去，沉浸在自己思想的世界里，在与一张白纸交流。

文字在一行行间流淌，白纸翻了一页又一页。我完全被淹没在自己的思绪之中。一股股流动的思绪滚滚涌来，我使劲地写着，记着，想把内心深处所有的一切都表达出来。

交卷的时间快到了。这时，忽然觉得文思泉涌，有一种强烈的冲动，想这样一直写下去，不要停下来！

我的心在狂跳着，手也微微颤抖起来，心里一阵恐慌，生怕最终的铃声会夺走我手中的笔。不！我在心里拒绝着，手却在不断地书写着，满足地陶醉着。这种状态延续了几分钟，铃声终于在那一瞬敲响了！我的手在急剧的颤抖中放下了笔。

周围一片欢呼，美国同学跳到了桌子上，手里的笔扔到了空中，白纸片满天飞舞。

我发现放下笔的手，还在微微地颤抖着，我的眼睛却有些湿润起来。对于一个没有充分语言能力的外国学生，三年的法学院生活并非容易。　我盼望着早日完成，总是那样急不可待，但是在最后却是那样恐惧这一刻的来临，最后的瞬间才有过这样一瞬的珍惜和爱恋。

盼了又盼的日子到来了！盼望中遥远的日子，我已经走到里边了，然而，幻觉中的一切却没有在现实中出现。

下周便是毕业典礼，一切真的熬过去了，留洋梦做完了。看着领来的博士服，再一次证实这是真的，我想去追赶昨天那些发烫的梦幻。　可是，我没有想像中的如释重负，更没有撒开双腿沿着屋子后面的小路一直跑到远处的森林，也没有睡上几天几夜来弥补这几年不足的睡眠。甚至没有心思给远方的双亲写上一封报喜的书信。

那一刻，什么欲望也没有，什么感觉也没有。　活动了一下酸涨的四肢，心是静静的，又是空空的，像是什么也没有发生，像是从未期待过什么一样。心里扫过一种莫名的茫然。飘流岁月的下一站又会是什么在前方等待？

毕业典礼的那天，桌上的花瓶里插着一束远方送来的郁金香。鲜艳的花朵开得真美，红的、黄的、紫色的花瓣簇拥在一个精致的玻璃瓶中，送花的人却没有留下姓名，只写下了"祝贺你"三个小字，从送花的商店才知道这束花是从纽约送来的。心里一阵感动，我呆呆地望着这束郁金香出神。记忆像湖水，无边无际地涌来。记忆中有寻找，有困惑，有欢欣，也有伤痛。

刚从国内来留学的表妹，从西北飞到了我美丽的校园。我亲爱的朋友从欧洲，来到北卡，把我紧紧拥抱。

毕业典礼是在校园内一座歌特式的礼堂举行的。我们身穿博士服，头戴博士帽，走着，帽子上的黄穗神气地飘动着，跳耀着。

我们在毕业生的队伍中踏着轻快的音乐旋律，走向自己的位置，它淹没在一群身着礼服的毕业生中。周围是一张张熟悉和陌生的面孔。毕业生的亲友们坐在礼堂四周的长椅上，我们坐在中央。

在合众国的国歌声中，我们从椅子上站立起来，星条旗徐徐升起。

法学院的院长宣布授予我们法学博士学位。我们的名字通过扩声器被传到很远的地方。随着那种外国人学说中文——既熟悉，又生硬的声音传过来，我知道是在叫我的名字了，便像其他毕业生一样走向主席台，从院长手里接过重重的一个本子——学位证书。　然后，恭敬地握住了院长伸过来的手。她祝贺的声音，我没能听清楚。台下一阵又一阵的掌声，把她重复给每一个毕业生的贺词淹没了。我只看见她的嘴角动了一下，她微笑着像个慈母一样，她的手是暖暖的。

我们从主席台的一边走上去，从另一边走下来。闪光灯不断地闪着，掌声一阵压过一阵。我走到自己的位置上坐了下来，好像还没来得及弄清是怎么回事。

一切盼得过久了，又像是一切来得太快了，在一种习惯的状态中还来不及放松，只是感到神经有些麻木，与周围的气氛有些不太协调。

我想要的学位证书已经拿在手里了。得到的一瞬，却没有想像的激动，甚至没有感觉到任何的完成。目标在实现以后，似乎变得无足轻重，再也没有诱人的色彩了。这张学位证书沉甸甸的。

在周围热烈的气氛中，在幻想中追寻着几年前刚来美国时那个纯真、热情的我，想把自己以往的那个影子带到这里来，她是否会在这气氛中有一份热烈的投入？可惜那个影子已经无影无踪了。不知道在什么时候消失掉了，我已是另外的一个人，一个有时会让我自己感到陌生的人。

我是在追求一张学位证书吗？也许很久以前？但我终于明白了，这样的追求并非能满足心灵的所求。绝不是一张文凭给我增添了几分荣耀，但是在那些孤独的日子里，给了我许多思考。那些咬着牙支撑着苦读的日日夜夜，使我们的内心更加坚强，使我们的灵魂更加丰满，使我们的生活更加真实。

在这个过程中，正是一个又一个的不眠之夜，正是一本又一本啃不完的书籍，正是一条又一条走不完的无边长路，陶冶了一个新的我，一个真实、丰富、倔强的我。　并不是毕业典礼上的凯旋曲赋予了我光荣的凯旋，而是在那无边无岸的旅途中，我体验到了真真切切的痛苦和真真实实的幸福，灵魂得到了真实的升华。

一切外在的赋予都是瞬间，唯有自身的追求和这追求的过程永远属于我们自己。

毕业典礼进行曲响起，雄壮、豪迈的音乐溢满了礼堂。头发花白的老教授们从主席台的一角站立起来，目送着我们的远行。

最后的一瞬，院长的声音有点哽咽了，她让毕业生们手握着手，最后回视一下四周，再看一眼朝夕相处了几年的同窗学友。几分钟后同学们就会各奔东西，再无相聚之时。

“看一看你的前后左右，请记住这个瞬间！”女院长的话音刚落，坐在我前排的一位美国女同学回过头来，眼眶里含着泪，向我伸出手来，对我说：“你们外国学生太不容易了，我们也许再也不会相见，但我忘不了你们！”我的眼眶一下子被泪水灌满了。模模糊糊之中，把周围这些既熟悉又陌生的面孔再看了一眼。然后，我便走出了礼堂，再也没有回头，泪水却顺着脸庞不停地流淌。

1992年5月

等待签证

这是一个1980年代中国留学生的故事。

我坐在从苏格兰开往伦敦的火车上，赶着明天早晨到美国大使馆去办理签证手续。

很荣幸，应邀去美国参加一个国际学术会议，地点在美国首府华盛顿。我还被邀请作一个学术报告，与同行讨论正在进行的科学实验。

可惜，我的学校离伦敦不算近，坐火车将近八小时。为了省点时间，我决定乘晚上九点的火车走，在车上过一夜，这样既不影响一天的工作，又可以省了一个晚上的旅馆费。伦敦的旅馆，对我这样的留学生来说简直是太贵了。

在实验室忙了一天，下班后便急冲冲地从实验室直奔火车站，去赶这趟开往伦敦的末班车。古老的火车站，干净的车舱，乘客不多。

头靠着窗户，眼睛望着窗外，心想着下个月可以到号称是“自由世界”的美国去逛一逛，便闭上了眼睛，幻想起来，美国是什么样的。在实验室几天熬夜，严重缺觉，在火车的颠簸中，很快就进入了梦乡。

一觉醒来，头昏昏沉沉的，人还在梦境中，伦敦就到了。八个小时的火车旅行，比我想像的快多了。一看表，差几分五点钟。我忽然脑子里闪过一个念头，这车要是晚点三个小时该有多好！随着稀稀落落的旅客，走出了火车站。

街上，雾气腾腾的，没有声音，也没有太多行人。几个一同下车的旅客也很快消失得无影无踪了。

美国大使馆的门九点才开，这四个小时，上哪里去呢？我忽然觉得又饿又困，这才想起昨晚没吃东西。围着车站转了一圈，附近的商店还都没开，我又转回了火车站，在候车室的长椅子上坐了下来。

凌晨的气温很低，全身发冷。我紧紧地缩成一团，想借自己的身体取暖。这时候，觉得有张床可以躺下，便是全世界最幸福的事情了。

在火车站候车室消耗时光。七八点钟，吃了点面包，便直奔美国大使馆。心里想着：我一定是第一个到！几分钟就可以把申请表填好交上去。学校里的外国学生告诉我，这里办签证，手续很简单，立等可取。

下了地铁，穿过海德公园，前面就是使馆区了。美国大使馆就在前面不远的地方。在海德公园匆匆走过的时候，想起了中学英文课本上学过的海德公园演讲角。在我的记忆中那是一个遥远神秘的地方。可惜，今天来到这里却没能去看一看，心里觉得有点遗憾。

走进建筑楼，拐过前面的弯，就是美国大使馆了。这里的人开始多起来。穿过人群，很快来到了使馆门口。我东张西望，刚准备开口询问，身边的一个大个子男人边走边说，向我走了过来。

“办签证吗？大家都在那里排队呢。”他的手向后一指。

顺着他的手，向后望去。天啊！我这才发现那一条弯弯曲曲的长龙！排队的人足有几百个。

我一下子像是个泄了气的皮球，腿也开始发软了，无可奈何地走到队伍的最后。这段路，好像比八个小时坐火车的路更长。前面是无情的等待。如果早知道，我可以早点来，火车到站，应该马上过来。

无奈到队伍后面站着，只能耐着心等待。开门的时候到了，大家一步步往前走。第一批人被放进去了，其他人就在外面继续站着排队。

然后好久不见动静。不知道等待多久才看到前面的人慢慢地往前走，走走停停，慢慢地向前移动。

当年公费出国，学校帮助办理所有的出国手续包括签证。到了国外，现在什么都要自己做了。第一次办理美国签证，没有想到会有这么多的人。

前面长长的队伍，不知要得到何时？直到腿站得发酸，脖子发硬，我忍不住向后望去。后面的人越来越多起来，开始我在队伍的最后一个，后来又来了几个，十几个，很快又是好几十个人了。

后面的人越来越多，给我一些安慰，它暗示着我是在向前移动。它还告诉我，很多人站在我的后面，在和我一起等待，今天肯定能够拿到签证的。

最后，我不再着急了。在这种情形下，着急有什么用，我和周围的人一样毫无表情地站着，前面的那位向前挪一步，我也机械地向前挪一步。

四五个小时就这样站着过去了。我终于踏进了使馆的大门。

走进大门，里面是一间像我们学校小礼堂那么大的房间。一排排像火车站候车室一样的长椅子上坐满了人。我的脑子“嗡”地一下子，只觉得血直往脑顶上涌。天啊！看来要等到明天了！

我还没有反应过来，接待室的一位女秘书就开始问起我来。

“你是今天的预约吗？拿通知书来？”

“什么预约？我来办签证。”我被她问得稀里糊涂的。

“办签证，首先要办预约。”女秘书说。

“我打过电话，没有人接，同事说可以直接来伦敦办手续。”我有点急了。

“电话不能预约，必须人亲自到场。”她随手递给我一个小条。

“两周后来面谈。”说完，她就去招呼后面的一位老太太去了。

我还能说什么呢？只好乖乖地回学校了。又是坐了一个晚上的夜车。第二天凌晨，我是从火车站直接去的实验室。可惜人不能分身，否则我会把自己分成两半，让一个我去睡觉，让另一个我去工作。

两天两夜没有睡觉，觉得有点头重脚轻，手也不好使唤起来。把硫酸往试管里倒，眼一花，一大半倒在我的左手上。手背上被烧伤一片，疼得钻心，我还是忍着在实验室工作着。

两个星期过去了。我又坐上了晚上九点从苏格兰开往伦敦的末班车。

这回我不再在火车站睡觉了，下了车便乘地铁去美国使馆。

凌晨五点，地铁站没有很多人。我在站台上独自徘徊了好久，还是不见车来。没有办法，为了省时间，只好走着去使馆了。听着自己的脚步声，心里有点恐惧起来。

穿过沉睡的街道，又来到了海德公园的一角，周围雾气腾腾，公园里一片死寂。这一刻，除了我自己，感受不到任何生命的存在，整个世界都像是停止下来了。是停止下来让我感受自己的存在，还是我急切的等待？

拐过弯，前面就是美国大使馆了。在拐弯角还没有见到上次排队的人群，我深深地吸了一口气，好像如释重负一般。

走到使馆的大门口，我才发现前面只有几个人。我的前面有一位早来的妇女，正坐在使馆门口的台阶上。她身穿一件棕黄色的又肥又大的外套，整个身体缩在这件外套里。她的头微微抬着，看着远方；

一副高傲、冷酷的样子。她像中国人，可她的穿着和气质又不像。

“你好！”我用英文跟她打招呼。

“你好！”对方冷冷地用英文回答我。她还是一动不动，保持着原来的姿势。

我觉得她正在自己的什么世界里，便不再打扰她了。在离她两三米远的台阶上坐了下来。望着天，等着天亮，盼着三四个小时以后使馆的大门打开。

九点钟，使馆的大门打开，我们前面排队的三十来人被第一批放进大厅。比我早来的那位女人一直坐在门口的台阶上，直到开门放人时，她才慢悠悠地站起来。当她从台阶上站起来的那一瞬，我发现她挺着肚子，迈着艰难的步子向前走着。看样子，她起码有七八个月的身孕了。

使馆的工作人员让我们出示预约的通知单，然后按顺序，发给我们一人一个号码卡片，它好像是根据不同的签证分类的。

那个女人拿的是一号，我拿的是二号。拿到号后，我们便顺手在桌子边拿起一张申请表，然后便坐着等待着叫号。

没想到，很快嗽叭里一连串叫了十几个号码。叫到二号时，我连忙走到那个窗口去见签证官员。第一次叫完号，他把我们的护照，还有邀请信以及其它旅游证明材料都收去了。然后，又让我们静坐，等待面谈。

我记得很清楚，我们十几个人把护照送上去后，首先叫的是“三号”一个大胡子的高个男人走到窗口，与窗口的那位办理签证的官员对话了几句。可能不到一分钟他就拿到了签证，转身走了。

然后，传叫的是“七号”，一位黄头发的年轻姑娘。她几乎是刚上去说话，他已经为她盖好了章。

我心里有点纳闷，却并不着急。心想很快会轮到我的！

"十三号！"

我的眼睛朝"十三"号望去，盼着他早点办好，离开那个窗口。

"二十号！"

我的视线又跟着"二十号"投向那个窗口。心里盼着：下一个该是我了吧，或者是"一号女人"。

"三十五号！"

……

等了一个小时，又开始第二个小时。我有点着急起来，忍不住向后张望起来。一批新人刚被放进来，大厅里的人越来越多了。

我回头时，发现坐在我身边的"一号女人"，也回过头张望起来。和我们一起进来的那一批人，好像已经走得差不多了。我们仍然坐在进来时的位置上。

我从侧面望着"一号女人"，她很美。白白的皮肤，很有轮廓的脸庞。她坐在那一动不动的样子，像是一座雕塑像。

"八十三号！"

我的眼睛紧紧地盯着眼前一个又一个走上去，又走下来的申请人。盼着他们早点离开那个窗口，盼着下一个，将是我自己。

一次又一次地盼望，一次又一次地失望，一次又一次地再盼望。我的心就这样在希望和失望的交替中等待了一个小时，又一个小时。

我的眼睛开始发酸发涨，拿出一本书想打发时间，也好转移一下注意力。还没看几行，眼前的字就花成一片了。我只好合上书，看着窗口的人来人往。

好多人办好签证离开了，又是几批人被放了进来。

"一百号！"

我手里紧紧地握着那张"二号王牌"。心里越来越紧张起来。

“会不会出什么差错？”好几次想上前询问一下，都忍住了。

忍了一次又一次，这次实在忍不住了！

当前面那位刚离开窗口，我便一下子“窜”到了那个窗口前面。

“先生，你们弄错了吧？我拿的是二号，现在已经轮到一百号了。”

“对不起，我们的签证取决于申请人的国籍。不同的国籍，不同的程序。”签证官员冷冷地回答着我，脸上毫无表情。

我的心一沉，退回到自己的座位上。这时，我不再着急了，尽管心里很不自在，我尽量让自己安静下来。

“一号女人”还是一动不动，保持着那个固定资势。我心里一动。

“您是中国人吗？”我小心翼翼地向她轻声发问，生怕问错了人，冒犯了她。

“你也是中国人吧！”她没有直接回答我的问题，却自信地判断起我来。

我看着她，她望着我。她的嘴角动了一下：她想笑！可她的脸上却没有一点笑容。嘴角上的笑也是强作出来的。

她告诉我，她申请去美国看望丈夫。然后，她的眼睛就移向了那个窗口，再也没有说话。我看见泪水在她的眼睛里打转。

我也不再说话了，生怕触动了她的感伤。只是静静地坐着、等着。

又是等了好久，我听到喇叭里在传叫二百号了。回头看看后面，每次回头，看到的都是一张张陌生的面孔。

“不同的国籍，不同的程序”，现在每上去一个人，我就在心里默默地猜测着他们的国籍。可惜有些人，我根本辩识不出他们是哪国人。

“三百号！”

我又后望起来。屋子里的人开始少起来了。根本没有白种人了，剩下的男女老少，穿着各种样色彩的衣服。

我坐着、等着。心里只有一个信念：会叫到我的！

“三十八号！”

号码终于颠倒过来了，轮到小号了，该轮到我了！

三十八号是位阿拉伯女人，披着面纱。她终于领到签证了，高兴得把她身边的女儿抱起来，使劲地亲了她几下。

“三百一十号！”

又是大号。这个人，我可真是猜不出他是哪国人。

“二十二号！”

现在轮到的是一位印度女人，她的鼻子上有颗镶金的小珠，给人一种神秘的感觉。

“一号！”

我的全身一热，不由自主地挪动了一下有点发麻的双腿。

“一号女人”抬起头来，快速走向那个窗口。尽管有七、八个月的身孕，这时她的步子已不像进门时那样吃力了。

只见她在与签证官员对话，她的手在比划着什么。这一刻，我的心里有点发痒起来。一天的等待，终于熬到头了！面谈只是形式，每个人都拿到了签证，我也马上可以拿到了。

“一号女人”终于从窗口取回了她的护照。她的腿还没有挪动。我已经准备着走上去，只等叫“二号”了！

忽然，“啊”地一声大叫，她的护照落到地上，紧接着，她便昏倒在地上。

她倒下去的样子，很像电影里的一个慢镜头。她是顺着窗口旁边的墙，慢慢地倒下去的，像是一团软组织软软地倒了下去。

我一下子惊呆了！

“三百三十号！”屋里没有一点动静。

“三百三十号！”

窗口传来了第二次传叫，还是没有人上去。我回头看看，屋里已经空空荡荡没有几个人了。大家都惊讶地望着那个倒下去的“一号女人”。

我们不由自主地走上前去，把她扶起。她完全失去了知觉，额上冒着虚汗，嘴里吐着白沫。我几乎是一边拖着她，一边抱着她，把她扶到椅子上。

“你怎么了？要不要送医院？”这时屋里的几个人过来围观。

领馆的一位工作人员走过来，“你有亲人可以联系吗？”

她摇摇头。

“你怎么了？Are you OK？”我急得不知所措。

她慢慢地睁开了眼睛，看着我和周围的人。

“他们说我有移民倾向，拒绝了我的签证。”一颗浓浓的泪珠子从她的眼眶里慢慢地流下来，滴在我的胳膊上。

“二号！”这回真轮到我了。

后排的一位先生，见我要上窗口，便上前来扶住这位极其虚弱的“一号女人”。

我走向窗口，心里有一种说不出的滋味。

“你去美国开会？”对方问。

“是的。”

“你是共产党吗？”他的眼睛盯着我的眼睛。

我的心里一愣。想起西方政府把共产党当作洪水猛兽一样，只好忍着，回答他的问题。

“不是。”我忍着，平静地回答着。心里想起了小时候看的小说《监狱里的审判》。一种凄冷，而又悲壮的感觉。

“你回去等签证吧！”他没有拒绝我的签证。

“我今天不能取签证吗？”我急得头上冒汗了。

“你的签证要送到美国国务院去审批。你回去等通知吧！”说完，他就忙着去招呼下一位了。

一切都没有可以商量的余地。我知道世界上好多事情我们生来就无法改变它，任何努力，都将是徒劳。那是我们命里带来的，我们只能带着走。我不喜欢怨命。

当我离开了那个窗口回头的时候，发现刚才晕倒的那位女人，不知什么时候已经离开了这间大屋子。

走出使馆大门，已是黄昏。我慢慢地向火车站方向走去。

从使馆回来后，一等又是一个月。我的心情烦燥不安，像是热锅上的蚂蚁。我的老板（研究生指导老师）已买了我们一行四人的机票。计划二十五号走（机票早拿到了）。可到了二十号，我还是没有收到签证。

这时，老板也开始担心起来。我知道，他也着急，怕我的论文不能在会议上宣读。

从二十号上午我便开始给美国大使馆打电话，询问情况。那个电话，总是占线。我从上午九点开始，几乎是每隔一、两个小时打一次，一天几乎就是守在电话机旁，一直打倒下午四点，还是没有打通。

二十一号上午九点继续打，还是占线！一天打到晚都是同样的忙音。我心想：“这电话一定是坏了，要不然它准是全世界最忙的一条电话线。”

二十二号早晨八点多我就开始打电话。上帝终于被感动了！电话通了！响了几下，可是没有人接。最后，电话录音响了：“这是美国大使馆，我们办公的时间是上午九点到下午四点，请在这段时间给我们打电话。谢谢！”

我一直坐在桌边，看着钟。刚刚九点，我就打起电话，拨完号码，对方方传来的又是占线的声音。又拨了一天电话，还是没有通。我感到天昏地暗起来。

二十三号，还是没有打通电话。中午，送信的来过了，仍然没有收到签证。怎么办？我心急如焚。

“你打了几天电话了，跑一趟伦敦早回来了。”我老板在一旁说。

对，唯一希望是再跑一趟伦敦了！

当天晚上，我又坐上了去伦敦的火车。第三次去伦敦的心情与前两次是完全不同的。坐在火车里，我已经没有闲情逸致去想象“自由世界”是什么样的了，只是呆呆地坐着，像是坐在美国大使馆的长椅上一样，木木地等着。

下了火车，天下着大雨。我踏着雨，踏着凌晨五点的晨雾，走向使馆区。

这回我是第一个到使馆门口的。雨下得很大，周围没有一个人。除了雨声，没有任何的其它声音。

我站在使馆门口，望着白茫茫、雾朦朦被云压得低低的天空，看着天空中不断落下来的雨水，我的眼前出现了那个晕倒的“一号女人”的形象。她的影子，在我眼前晃来晃去，我看着她坐过的台阶。雨滴不断地打在台阶上，也打在我的身上。

无论春夏秋冬，无论晴天还是下雨，使馆的门还是九点打开。门口排队的人还是照样地多。

我又是第一批被放进大门的。

我几乎又是最后一个被叫到窗口去的。

“先生，我的签证办好了吗？”我急得直跺脚。

“办好会寄给你的。”对方平静地说。

“我们已经买了明天（25号）的机票，请您查一下可以吗？我们准备明天下午走。”我尽量使自己平静下来。口气里有点像是哀求，我自己都能听出来带着一种企图得到怜悯的声音。

“你叫什么名字？”他问。看来我的哀求起作用了。

“王忆（Wang, Yi）”，我马上说了自己的名字。

“王先生，请等一下。”他在电脑上查看了。

“你很运气，签证办好了。”他转身到里面，很快就把我的护照从那个窗口递给我。

我接过护照，把它放到书包里，连头也没抬就走出了这间屋子。

“你很运气”这几个字深深地刺痛了我的心，伤害了我的自尊。

在回学校的火车上旅客不多，我躺下睡了一觉。还做了一个梦。梦见我回家了。老母亲，还有一群兄弟姐妹围在我的身边。

从火车站赶回实验室，我便忙着处理行前该做的事情。一大早，老板还有另外两个准备一同去开会的同事就跑到我的实验室来。

“王，拿到签证了吗？”老板问。

“拿到了！”我有气无力地回答着他，心里实在高兴不起来。

“跑了三趟伦敦，车票该是半个多月的薪水了吧！”一位同事说。

“还有几天几夜没睡觉！”我老板补充了一句。

“他手上还落下了一个永远的纪念。”另一位同同事也开起玩笑来。

硫酸烧伤的手倒是不疼了，疤痕是留下了。

“为了一个签证，跑死人，等死人，烦死人。”我一边骂着，一边从书包里掏出护照来。

唉，这本护照怎么有点不太对劲。我在手里看了一下，急忙打开，我瞪大了眼睛，半天说不出一句话来。

“怎么了？”大家围了上来。

我拿着护照，看着护照上的陌生照片，脑子里“嗡”地一下，只觉得天晕地转起来。

“这不是我的护照，这位也叫Wang Yi，他是工程系的另一位中国留学生。”我结结巴巴说着，气得想哭，只是没有泪。他叫王毅，我叫王忆，中文字不同，汉语拼音是一样的。领馆起码应该知道出生年月不同啊！

“什么？”大家异口同声地说。

然后，实验室里一片安静。谁都不再说话了，只是站着看着我，谁也想不出什么办法来。

过了一会，一位同事走到我的身边，拍拍我的肩。

“他也姓王，名Yi，与你同名同姓。”

他一边拍着我的肩，一边对我说。英国人毕竟是很有幽默细胞的，这种情形下还忘不了开玩笑。

“忆，你就借用一下这本护照吧！”另一位同事像是受到了什么启发，半开玩笑，半认真地对我说。

我一下子瘫倒在身边的椅子上。

1992年11月

借的艺术

我是都克大学的第一位中国留学生。 刚来时，老美像看猴子一样看着我，总问一些稀奇古怪的问题。这几年校园里的中国学生多了，日子也就不同起来。现在都克大学该有上百名中国学生了，我接送过的已经数不清了。

昨天刚接来一位法学院的新生，名叫李豪。他个子不高，说起话来很有礼貌。没想到还是老乡，自然格外热情起来。从机场回到学校的时候，我们就像是两个老熟人了。

我把他送到学生宿舍安顿好了，留给他一个家里的电话号码。

第二天一大早，我还没有起床，电话铃就响了。

“喂，是老魏吗? ”我听着声音有点陌生，没辩认出是谁。

“老魏，真是太感谢您了，昨天让您忙了一天。”

原来是李豪，他说得很诚恳。

“不用客气。”我还在被窝里。

“我从来没有见过您这样的大好人。”他继续说着。

“有时间来我们家玩。”凌晨三点才从实验室回家睡觉，我想尽快地回到睡梦中去，准备说再见。

李豪很有礼貌地说：“老魏，真是不好意思，我行李箱里带来的碗在路上打碎了，不知那里可以买，能不能先借两个碗用？”

“没问题，你有时间来取吧！”我痛快地说。

“我现在就来！”没想到他更痛快。

我赶紧从床上爬起来。刚穿好衣服，洗完脸，李豪就到了。

我热情地把他带进厨房，选了一套碗、盘子加上筷子（还有刀叉）送给他。这些大都是以前毕业的学生留下来的。

“你这个炒菜锅怎么是平底的，从上到下一样宽？”他好奇地问。

“对，你也需要一个锅吗？”我顺手拿起一个锅放到他的手里。我知道第一天出国是什么样的，大家都是这样过来的。

“我买了就还你。”他很不好意思地说。

“不用，新生来了谁都会帮忙的。”我对他说。

“你这样的好人我真是从来没见过。”他谢了又谢，像是要给我磕头似的。

我根本没有指望李豪来还过锅碗。没想到，他是一个死认真的人。第三天，他就打电话来，问我能否开车带他去买菜，他还要买锅碗还我。

我觉得他有点像书呆子，他的认真劲又很可爱。

“你要买菜可以，给你的旧锅旧碗你就留着用吧。”我对他说。

傍晚，我送他去附近的大星超级市场买菜，还买一些生活用品。

他可真有耐心，买起东西来那么认真。把一块肉拿起来，在手里掂了几下，看了又看，又拿起旁边的一块肉来，比比价钱。然后，把肉放了下来，又跑到前边拿起一只冻鸡来。

我想他一定是看着美元，在换算人民币吧！第一次花美元，一定觉得什么都贵，而且是贵得不可思议。

我们在超市转了一个多小时，李毫终于买完了他想要的东西。

刚来的留学生没有信用卡，购物只能用现金或支票，我一般用支票买东西。（在外时间长了，兜里很少带太多的现金。）

我先付了钱，然后又把自己买的东西一包一包地放到商店里的小推车上。

李毫学着我的样子，把他买的东西一样一样地从他的车里拿出来，放在柜台上算钱。

“三十八块。”售货员在付款台上打完了价。

“老魏。”李毫忽然热情地靠近我的身体，他靠得那么近，几乎是要贴着我的背了。

我有点不太习惯这种亲热，以为他又要开始说感谢的话了。

“老魏，我身上带的现金不够，银行的支票薄下周才能收到。您能不能先帮我付一下，下周还您。”他的声音说得很轻，生怕别人听见似的。

他看着付款台，面容尴尬。好像没想到买的东西那么贵。

我急急忙忙掏出支票本，给超级市场写了一张支票。

“别着急，你刚来几天，银行的支票起码要一、两周才能收到。”我在一边安慰着他。

“您这样的大好人我从没见过。”在回家的路上，他谢个不停。

那天买菜以后，好久没有见到李毫了。我想他安顿下来后就该忙着读书了。法学院的学生没有一个不叫苦连天的。听说还有大小伙子考试前哭鼻子呢！

有一天，我刚从学校回到家。我老婆告诉我，李毫来过三次电话了。

我想他一定有什么急事，马上就给他回电话。

原来是这样，法学院的小米要结婚了。我和李毫都被邀请去参加他的婚礼。主人的邀请函还未到，李毫就先打电话来通知我们。

他可是一个有心人，下个月的婚礼，现在就开始琢磨起礼品来了。

“老魏，您准备送什么礼啊？”他问了我好几次。

“我还不知道。”心想着什么急。

“你出去买礼物的时候叫我一起去好吗？”看来他把购买礼物当作了一件大事情。

星期天，我们便一起去买礼物。　平时我最怕送礼，什么都是老婆作主的。一路上，老婆不断地为我出主意。

“买套餐具！”

“买个切菜机！”

她的建议都走不出厨房的天地。也难怪她，每天在厨房里转。

“买个微波炉吧！冷菜冷饭一热就吃了，还可用来做菜。几个同学凑份，合起来买个大礼物。”我老婆不断地说着。

“好主意。”能省点做饭的时间，我觉得是再好不过的礼物了。

说来也巧，那天商店里正好看到一个微波炉大降价，我们就决定买下那个微波炉。

然后，我们就陪着李毫在商场里转。难为他，也没人给他出主意，他在商场里转来转去，就是找不到一件称心的礼物。傍晚，准备回家的时候，他还是没有看上任何东西。

“真难买到称心的东西。”看着他那扫兴的样子，我们也无能为力。

婚礼是在附近一家中国餐馆举行的。那天李毫搭我们的车一起去的。

他穿着整齐，头发也梳得发亮。我开着车，他坐在我的右边。一路上，他生怕我们买的微波炉撞坏了，替我们抱着，放在他的腿上。我有点不好意思，生怕这个大家伙把他的腿压麻了，裤子压皱了，可他一点也不介意。

下了车，他热情地把那个死沉的大盒子抱出车子。

小米他们包下了整个餐馆。我们一进门，新娘、新郎就热情地迎上来。

李毫走在我们前面。他先向主人道喜，然后便双手把微波炉献上，放在主人身旁的一张大长桌子上。桌子上已放满了贺喜的卡片，还有包装得大大小小的礼品盒子。

小米连忙道谢。

来客很多，我和老婆庄严地站着，像是等待着招见似的。该轮到我们了！

我和老婆也伸出手来向主人祝贺。

"欢迎你们来。"小米笑着对我们说。

这时，我才发现，我和老婆双手空空的。好像周围的人都是一边道喜，一边送礼的。

说话间，一位女招待已来到我们身边："这边请。"

我和老婆连忙跟着女招待，去找我们的位子了。

婚礼以后，又是好久没有接到李毫的电话了。一个星期五，他突然打电话来，要请我们吃饭。

"老魏，好久没见了，您好吗？"李毫还是那样热情。

"挺好，只是太忙。"我常常晚上半夜后才回家睡觉。

"我也刚忙过一阵，挺想和您聚聚，聊聊天。和您特别聊得来。"他对我说。

"星期天想请您和你夫人尝尝我的手艺。"他原来是要请我们吃饭。

我老婆一听说有人请吃饭，眼睛就发亮起来。她整天呆在家里一定是无聊极了。

“不要搞得太麻烦，我们可以一起聊聊天。”我看着站在一边盼着出门的老婆，答应了李毫的邀请。

“我还请了五、六个美国人，咱们一起热闹热闹。”我没想到他要搞一个大型晚餐。

“几点钟？”我问。

“七点，您看怎么样？”明明是他请客，他好像在与我商量似的，显然他是把我们当主客了。

“可以。”我听从主人的安排。

“老魏，只是我这个地方有点小，显得很寒碜，让人见笑。”

“没关系。”我心里想，别啰嗦了，都是穷学生，中国人怎么那么爱面子。

“我住的要像你们家那样漂亮就好了。唉，我能不能把吃的做好了，借你家请客。我忽然想起，您看行吗？”“忽然想起”几个字，他说得非常自然。语气中却又带着一种强调。

“行啊，那你早点来吧！”我心想老婆在家反正也没有事，我们都是爱热闹的人。

“我们需要准备点什么？”我顺便问了一句。

“不用客气，你们随便就好。”李毫回答着我。

我被他的话弄得有点糊涂起来。我也不知道是不是应该准备吃的。本想按惯例，嘱咐老婆备菜，可又不知道李毫想请客人吃什么。最后，我让老婆准备了几个冷盘。我出去买了几打啤酒，这里的美国人大都是啤酒桶。

星期天七点的晚餐，五点不到，李毫就到我们家了。他手里拿了一包面粉，一颗大白菜，还有一包肉馅。放下手里的东西，便从裤兜里掏出一根轻巧的擀面杖来。那擀面杖着色有点发黑，用得已经发亮了。

“包饺子！我们好久没吃饺子了。”我老婆在一边说。

“大家一起动手热闹。”我心里有点扫兴，地地道道的南方人，不太爱吃饺子。

李毫麻利地和起面来。

“八毛九分钱一包面，又好吃，又实惠。但不要告诉老美。”他一边和面，一边笑嘻嘻地对我们说。

李毫请的客人，有他的同屋，班上的同学，还有几个附近教堂的人，他们曾帮过他不少忙。加上我们，一共八个人。

“要不要再做些菜？”我老婆好像有点怕饺子不够吃。

“饺子把他们吃蒙！”李毫大声说着。

他的幽默劲，把我们都逗乐了。

客人吃得很香。八个人，四盘饺子，加上冷盘，很快就打扫干净了。然后，我们就围着坐喝啤酒，聊大天。一直聊到很晚。

“多谢了，老魏。您这样的大好人我从没见过。”李毫又是谢个不停。

这次聚会后不久，一天李毫兴奋地告诉我，他找到工作了！我从没见他那样高兴过。

他神秘地告诉我，他刚收到纽约一家律师事务所的邀请信，请他去复试。他再三嘱咐我，不要告诉外人，要替他保密。

也许有竞争，就有秘密吧！可我总弄不清楚，为什么中国人的秘密格外地多。我也不懂法学院的工作面试、复试是怎么回事。

“那是八万多美金的年薪！”李毫神秘地对我说。我看见他的眼珠子在发光。

“老兄，你一定要帮我一个忙。得到这份工作，我会终身感激你的。”

“我能帮什么忙？”我心里纳闷起来。

“您那套笔挺的意大利西装，能不能借我穿一下。”我这才明白，他是想借西装。

我只买过一套西装，还是前几年去德国开会时买的。

“我的西装，你怎么能穿？我比你高一个头。”我感到有点不可思议。

“能不能让我试一试。我有双带跟的皮鞋，日本买的，有好几公分高的跟呢？”他用手比划了一下高度。

“你要穿高跟鞋了！”看着他的认真劲儿，我死劲地憋住笑声，生怕大笑起来刹不住。

不能说服他，最后只得让他试穿我的西装了。他把那双高跟皮鞋也穿上了。这皮鞋倒是把他垫高了好多，可是西装还是太长了，下边都快到他大腿了。

“快成裙子了。”我老婆在一边傻笑。

帮忙总要帮到底。我便陪着李毫到附近的商店买西装。

“你无论怎么也需要一套正式的西装，特别是当律师的。这回咬牙买件像样的吧！”我怕他穿那件（他唯一的一件）从国内做的米黄色的极不合身的西装去面试。

“去梅斯商场吧！”梅斯是一家比较中档的商店，看来李毫这回是咬牙了。

为了八万的年薪，几百美元的投资又算什么。我想他的脑子也转过弯来了。

我们到了梅斯商店，刚在男人西装架子上乱翻起来，想找李毫的号码，服务员就热情地来到了我们的身边。

当我们告诉了她西装的用处，她便拿出了五、六件非常正式的深色西装，让李毫试穿。

他一件、一件地穿上，在镜子面前看看，转了几圈，然后就走到我面前，让我评论。可惜，我不太懂行。

服务员却在一边说个不停："这件最合身，那件更有派头。"

折腾了好几个小时，李毫终于决定买下那件"更有派头"的法国西装。

在付款前，他把那件西装从上到下的接线处都看了一眼，生怕哪里钻出一个洞来。

服务员热情地说："万一发现质量问题，可以来退换。"

李毫便付了钱。

他穿着那套西装非常神气。从纽约回来后，好像有点变化，说话的口气都有点不同以往了。虽然，他还在等待工作的消息，看得出来，他的感觉不错。

他向我不厌其烦地介绍他面试的过程。包括全部的细节，他的记性真好。

面试前一天晚上，他住的是希尔顿高级宾馆。他的面试，包括与两个律师一起吃饭。吃饭的言谈举止都是要被对方打分的。他被请去一家法国餐馆。他先点的开胃物是炸鳄鱼片，主餐他吃的是烧蜗牛。服务员送上一盘蜗牛，每一个蜗牛都装在一个精致的小白罐里，罐子的口上盖着一个手指头那么大的小面包。

他带劲地讲着，我和老婆傻傻地听着。从那天起，我老婆就一直闹着要去法国餐馆吃蜗牛。

"这些律师真有钱。"李毫的语气中带着一点神往。

“我们也要学会把钱变成（更多的）钱。”他在启发我。

“怎么变？”我也想取经。

“我们把钱放在银行里存着，现在利息不到4%，死期存折也只有6%。要投资，买股票。”他像是研究过一阵子。

“我同宿舍的老美学生，就是那次来吃饭的那位，他上个星期买股票就挣了好几千。一周的时间，他赢利100%。咱们一起做股票生意吧。”他要拉我入伍。

“我有家有口的，不像你单身一人。”我不懂股票，心想买股票是有风险的，我也没有那份精力去关心股票行情。

“那我先学着做，以后给你传传经。”他是一心一意想为我们谋求发财之道了。

“可我手里钱不多，能不能向您借一点？”

“要借多少？”我对他的“一点”没有底，不知是多少。

“老魏，老实说你有多少钱吧！”这回他可像帐房先生。

“你要借多少？”我有点不太高兴了，这好像还是第一次被李毫冒犯了。

“三万，怎么样？”他平静地看着我，等待着我的反应。

他说得那样平静，我没有理由认为他是在开玩笑。他真把我当作大富翁了。我是个中国来的留学生，虽然是个博士生，但是根本没有三万美金的存款。

他一开口就是大数，可把我吓了一跳。

“对不起，我没有那么多钱。”我说话的声音有点发虚。我最怕拒绝别人，让别人失望，总觉得像自己的罪过一般。

“没关系，在美国借钱是很难的。”他好像不相信我没有三万美元似的。不过他一点也没有生气。我倒是被他弄得不好意思起来。

“老魏，您不帮我，可没人帮我了。”他的样子有点可怜。

“您能借我多少都行，我几个月就还。”他说话的时候从沙发的那边走起来，坐到了我的身边。

“借你两千吧！”我当时就给他写了一张支票。

“谢谢，谢谢！您这样的大好人我从没见过。”他又像是要给我瞌头一样。

李毫借了钱去买股票后，好几个月没有音讯。

有一天几个朋友在我们家吃饭，也不知是谁挑起的话头，大家便七嘴八舌地议论起李毫来。

也许是中国人的一大习惯吧，饭后茶余，就是喜欢议论别人。

“这位可真是铁公鸡，一毛不拔。”一位朋友说。

“他是挨家挨户借钱，一借就是半年。我看他是把别人的钱放在银行里自己吃利息呢！”一位法学院的朋友愤愤然地说。

我不喜欢这样议论人，尤其是一帮人在我家里。生怕惹出什么是非来，急忙想换个话题。

没想到，法学院这位越说越激动起来。

“老魏，除了他借别人的东西用，你见过他花钱买过东西吗？”

“这可太夸张了。”我在为李毫解围。

“我就见他买过一套几百块美元的西装。”我忽然想起来买西装，像抓到了救命稻草一样。

“原来是你陪他去买的那套西装啊！”

“他从纽约回来，就把它退掉了。声称质量不好，把钱要了回来。他还得意地向我传授这个经验呢！”法学院的这位同学说得脸都涨红了。

“啊，还有这样‘借用’的！”我老婆尖叫起来。

那天晚上，老婆抱怨起来，她怕两千美元还不回来了。

“怎么会呢？他不会不还的。”我怪她小心眼。

“他买股票输光了怎么办？”

“他是个聪明人，他不会输的。”不知道为什么，我对李毫的聪明是很自信的。

“他是拿别人的钱来挣钱！”老婆大喊大叫起来。

“别吵了！”我的声音终于压过了她的声音。我的脑袋都发涨了。

没过几天，李毫就打电话还钱来了。

“老魏，一会儿给您还钱去！”

“不急。”我心里着急，但是脱口而出却说不急。急着要人还钱，总感到有点失礼。

这时，我老婆也有点为自己的多心不好意思起来。

那是星期六的晚上，李毫来还钱。他把一张两千美元的支票还给我，便和我老婆在一边的沙发上聊起天来。

我正在给邻居汤姆上中文课，每周一次（一般都在星期六晚上），我已教他两年多了，他一般的中文会话已经没有问题。

“你让老魏明天就把这两千块钱存起来，存一天有一天的利息。”我听李毫在对我老婆说。

我正在教汤姆几个新单词，没有理会他们的对话。

过了一会，我又听见李毫对我老婆说：“中国人真怪，我借了钱都是如数还的，他们还抱怨我，真让人莫名其妙。老魏这样的大好人我从来没见过。”

我和老婆也被他弄得莫名其妙起来，不知谁是谁非了。

幸好，我在教汤姆中文，装着没有听他们的对话。

李毫和我老婆聊了一会，看我还在给汤姆上课，便站起打断了我们。

“老魏，我要去机场接位朋友，不好意思麻烦您，能不能借用一下您的车？”他好像借我的车是为了省我的事似的。

“几点？我送你去吧。晚上开车不方便。”我有点不太放心借车，生怕出事。

“没问题，我的驾驶执照已拿到好几个月了。”他还没车，我也不知道他已经学会开车好几个月了。

“我送你去吧！”我坚持着。

“我去接位朋友，她从纽约来看我，只呆一天一夜。”他的声音有些吞吐起来。

莫非他是交了一个纽约女朋友？我心想，便把车钥匙给了他。

“借钱，借车，中国人怎么什么都借？”汤姆不解地问。

“那是中国人的人情。”

“什么是‘人情’？”难为他还没有学过“人情”这个词。

“那是中国人的习惯。”我极力想为他作解释。

“喜欢？喜欢借东西？”他更加不明白了。他把“习惯”听成“喜欢”了。老美的舌头好像特别硬，耳朵也不好使，好多中文词都区别不出发音。

我也不知道怎么为他解释了，向他耸耸肩。

汤姆显然有点扫兴。

“美国人宁可借老婆，也不会借人车的。”他对我说。

最不希望发生的事情终于发生了。那天晚上，李毫借了车去机场，回来的路上车开出了高速公路，冲进路边的灌木丛。车还向前跑了几米，最后掉进了树边的水沟里。

车是被撞得不成样子了。谢天谢地，他和他的朋友是活着回来的。

车被拖车公司的大卡车拉回来了。邻居汤姆看着我的车子，摇着头对我说："太可怕了，宁可借老婆，也不能借车。"

春去秋来，校园里已是一片秋色。

一个星期六的早晨，实验室出了一点问题。我正匆匆忙忙赶着去学校。正要出门，李毫又来电话了。

"老魏，今天天气特别好，咱们一起出去赏秋拍电影，好吗？"他邀我出去赏秋景。

"你来拿机子吧！"我急着要去学校，知道他想来借我的摄像机，他提过几次了。为了省去演绎三段式的客套推理，这回还没等他开口，我就主动出借了我的摄像机。

在实验室忙了一整天，午饭也没顾得上吃，直到傍晚才回到家。

家里黑着灯。喊了几声老婆，也没有人应。冰箱里空空的，弹尽粮绝。老婆既没有买菜，也没有做饭。她上哪里去了？她不懂英文，平时从不单独出门。我生怕出事，急得在屋里团团转。

忽然，一阵敲门声。一定是老婆回来了！一股无名火冲上脑袋，我正要发作。打开门一看，是邻居汤姆。他手里拿着那本中文书。该是他上中文课的时候了！

"汤姆，我老婆不知哪里去了？"我没头没脑地说。

"早晨，我见李豪来过，他们一起出去了。"他一边说着，一边看着我。

"这回他一定是把你老婆借走了。"

汤姆看着我的表情，手上的书落到了地下……

原文完成于1992年1月28
首发于《作品》1992 年7 月

第三章　青春记忆

青春的记忆，关于梦想，关于爱情，关于诗和远方。

春青是一场寻找自己、寻找爱的旅程。

请问你自己

我喜欢思考，也习惯询问。每当疑问从心中升起，百思不得其解的时候，我总是虔诚地询问那些年长的朋友，路该怎么走？我该怎么做？希望求助于他们的智慧和爱心，让我走出命运的迷宫。

有时候一位朋友自信地判断我应该往东，东方才是我的去处；另一位朋友却固执地说，我应该往西，西边才是我的归宿。两位朋友的理由都无懈可击，好像去东奔西都有着各自的道理。

我疑团重重，不知所措。这时，你出现在我的面前，出于对你的信任，要你为我指出一条路。我该往哪里走？我该怎么做？

你静静地凝视着我，默默地对我说：我也曾面临过这样的时刻。我总是一遍又一遍地问自己，问自己最需要的是什么？！

人生的有些问题，没有人可问，那么就请问你自己吧！问自己最真实的内心，哪怕问上一千遍，一万遍。第一万次没有答案，还要再问上一万零一遍。

人生并没有一个固定的答案，别人的答案都不是你的，我们来到这个世界，就是为了寻找各自的答案的。只有敢于面对人生最基本问题的人，才能创造出最高境界的人生。

我还是喜欢思考，也喜欢询问。但把疑问留给朋友的时候，开始了寻找自己的答案。

1992年2月

我和影子

无论走到哪里，我的影子总是紧紧跟随着我。有些时候，我喜欢有影子跟随，它是我最忠实的侣伴。也许是因为它的缘故，我不再感到孤单；也许是因为它的出现，证明了我自身的存在。

可是，有些时候，我想完全彻底一个人独处、静静地思考，静静地感受，不想跟随任何人，也不要任何人跟随我，包括我的影子。可影子总是不肯离开我。我跑着，想甩掉它，影子总是跑着，以同样的速度追上我；或者躲到了我的身后。

我问影子：为什么你总是跟着我?

影子说：我是你的一部分。

我痛苦地闭着眼睛，使劲地摇着头。不，你不是，不是的！世上每一个人，每一样生物，每一个存在，除了它自身的存在以外，其它的都是外在的。也许世上有着必然的联系，但都不是从属的关系。而我自身的存在，只包括我的身体，我的灵魂，影子绝不是我自身的一部分。

我又一次对影子说：离开我吧，请给我清白和自由。我想自由地飞翔，无牵无挂地生活。

影子说：我离不开你。离开了你，我不再知道自己是什么。离开了你，我便不复存在了。

这时，我的心情愈加沉重，在心里问自己，如此这样的一份使命，我是否有力承担？我是否应该对影子负责，为了它的存在，让它永远留在我的身边。让我的存在，来证明它的存在。想到这样沉重的一份责任，我心里紧张而慌乱，竟开始怀疑自己爱的能力。

我最后有些无奈地对影子说：好吧，为了你的存在，我决定让你永远留在我的身边。

忠实的影子第一次反抗我。它义正言辞地对我说：不要这样居高临下地怜悯我，我和你是平等的。我在你的身边，只是因为我爱你。你的存在有光亮，我才会跟随着你。如果你的生命中没有了光亮，我自然会离你而去。我是自由的。

影子接着说：你不能随意摆弄我，我在你的身边，只以自己的形像出现。

我忽然明白了我和影子的关系。是我，证实了影子的存在，同时影子也证实了我。它不是简单地证实了我自身的存在，它还证明了我生命中的光亮。现在，看到影子的跟随，我不再沉重，再也不想摆脱它的追随了。

1992年3月

幸福和痛苦

陶醉在爱情的一瞬间，感到自己是世界上最幸福的人。每一次爱情的幻灭，便感到自己是世上最不幸的那一位。因为太投入，全然忘记了世上还有很多的景，很多的真。

如今，这样的心境几经轮回，竟发现自己常常是被同样的景致而感动。也许每个故事有着不同的场景，但又似曾相识。那里必然有着同样的灵性，同样的至诚。有灵，有肉，也有泪。让我刻骨铭心的，除了那份真，还是那份真。

身边的朋友，也有不少是有情有梦的人。爱着，他们忘我，他们陶醉。当爱情悄然离去的时候，他们也痛不欲生。有位朋友对我说：我正在悲痛中死去，我是世界上最不幸的女人。

我用一种年长姐妹的口气对她说：这样的心情我也曾体会过。不仅是你，不仅是我，大凡世上有情有梦的人都体验过这样的心情，经历过这样的痛，无论是男人，还是女人。

世上有着铭心刻骨的幸福，也有着肝胆欲碎的创痛，我们别无选择。你和我，不能只要一样，而拒绝另一样。逃避痛苦，除非我们也放弃追求幸福。

1992年4月

独　行

走了很远的路，才遇到你。

我带着满身的尘埃和旅途的疲惫，刚刚爬过一个高坡，来到了你的面前。你伸出坚实的双手搀扶着跌跌撞撞的我，让我坐到你身边那块稳固但并不光滑的石头上。

侧身坐下歇息的瞬间，猛然发现，眼前并没有通向前方的大路，一片高山峻岭，挡住了西边的晚红。夕阳已近天边，一条小河蜿蜒流淌在绿色的山脚下。

我望着身边的你，落日的余辉，照在你那张生动的脸上。你的眼神充满了温情的力量。

“你累了，歇一歇吧！”说着，你从随身的行李包里拿出一个面包，连同手中的水壶，一同递给了我。

我感激地望了望你含情的目光。

肩上沉重的行李在不再娇嫩的皮肤上又刻出了几道新的血印。双脚无力地颤抖着，饥饿难忍。接过你的面包，竟一口气地塞了下去，像是塞进了一个无底洞。水壶中还剩下不多的水，不敢多喝一口，只是用来润一润冒烟的嗓子。

“去哪里？”你问。

“很远，很远的地方。”我说着，望着远方。

你说好像在哪里见过我，可又想不起是在什么地方。我望着你那熟悉、毫不陌生的面容，点点头，也许是在路中相遇过。

“夜来了，你一个人会害怕吗？”你关切地问。

“我怕。”

“留下来，我们一起走吧。”你向我伸出双手。

望着你高大坚实的身躯，看着你眼中坚定自如的神情，我感到了一种安全的依赖和一种被保护的温存。

然而，我还是警戒地看着四周。你说：不用怕，有风有雨，我会为你遮挡；有虎有狼，我会用生命去拼杀。在我的身边，你是安全的，什么也不用怕。

我累了，真的好累，那么就让我靠着你坚实的肩膀好好地歇息一下吧！

这时，我真想让这一刻变成永远。但是，我又不敢。

我怕你只是我疲劳中产生的一个幻影。

我怕你只是我自身的一种投影。

即使我真真实实地感受到了你的存在，我又怕你会随时抽身而去，让我在不备中失去防卫自己的最后一点力量。

因为今天我已经在走路中学会了戒备一切，所以自然也包括着对你的戒备；我已经习惯了随时接受意外，所以，不敢也不愿全部解除手中的武器和自身的力量。

虽然，我已经满身疲惫，遍体鳞伤，甚至分不清什么伤痕是什么时候留下的，也不知哪些是我的敌人，哪些是我的朋友留下的，也全然不知是新伤，还是旧疤在时时作痛。

那么，还是让我在没有学会再次依赖之前支撑起来，在这块稳固，但并不光滑的石头旁边，向你致谢，向你道别。

我真想靠着你的肩膀歇下来。然而，我又不敢。靠自己的双脚已经走了很远，很远的路，我已经习惯了孤独地行走。

这一刻的相遇，我已是满心的感激。

还是让我一个人往前走吧，这样才感到安全而踏实。

当夜再次来临的时候，走到一个落脚的地方，确信周围没有任何威胁的时候，我才会御下行李歇一下。

太阳出来，白天来临的时候，我还会背起行装，一边独行，一边继续做着我的梦：什么时候，什么地方，会有一个坚实的肩膀可以歇息一下？！

1992年3月

走过独木桥

不知不觉我们走到了一座独木桥上，两边是高耸云天的悬崖峭壁，桥下面是奔腾不息的激流险滩。而眼前这条长长的独木桥又窄又小，走在上面摇摇晃晃，吱吱作响，随时都有可能葬身于深渊之下。

我们站在桥的一头想跨越过去。

你小心翼翼地踩上了木板，站稳了脚，向我招着手。我惊恐地摇着头。

“向前迈一步，勇敢一点。”

我屏住呼吸，跟上你的脚步，向前跨出一步，两步，三步。

踩着小木板发出的吱吱声，我摇晃着身体。桥下的激流在奔腾呼啸，一阵晕旋几乎使我失去平衡。患有恐高症的我，颤巍巍地站着，迈不出下一步。

“再往前迈一步。”你还是这样对我说。

我深知自己不识水性，天生又缺乏平衡的本领，恐惧坠入这无底的深渊，求生的本能让我退回到了原处。

“再往前迈一步。”这是你请求的声音。

我先是恐惧和焦虑，然后一动不动，毫无表情地站在桥头。望着你倔强和坚实的背影，看着你一步一步往前，最后消失在云雾里。

多少年过去了，不知在独木桥的那一边，你是否找到了永远的归宿，过着你想要的生活。我的梦里却还是时常出现那座独木桥，还有你年轻的背影。

昨天，我在梦里又一次见到了你，你用磐石般的坚定，用你全部的力量和爱召唤着我。

梦中，我仍然徘徊在独木桥头。你在前方召唤着我。

“前面是生，后退是死，前面是我们美丽的家园，爱的归宿。”

我从你坚定的神情中获取了信念，从你有力的双手中得到了力量，一步一步踩着你的脚印，终于走过了这座摇晃着、吱吱作响的独木桥。

在桥的那边回首远望，惊险已经踩在脚下，风景美丽如画，人生又是另一番境界，另一番风貌。

我终于在梦中，和你一道走过了这座独木桥。

醒来的时候，心中不知是悲是喜。为什么只是在梦里？我竟有些怨恨你和自己。

1992年4月

不变的眼睛

年少时，总在想像中期待着一双不变的眼睛，他知道我的快乐和忧伤。无论我走到哪里，他都会在那里。在我悄然一人落泪的时候，他也能擦去我的泪水，慰抚我的创伤。　我相信，在这个世界上并不孤单。

长大了，感受到世上有无数双眼睛注视着每一个人。无论走到哪里，都要面对各种各样的目光。无论是善意的，还是恶意的；无论是爱我的，还是伤害我的。我习惯了观察一双注视的眼睛，在不同的季节里，发生着各种的变化。从远而近，从近到远，然后消失在远方。我懂得了这个世界有着春夏秋冬的变化。而四季的变化却又是周而复始，无穷轮回地交替着。

再年长一些，我的眼睛开始注视别人，也开始注视自己。我在镜子里看到自己。无论走到哪里，终于发现没有任何人可以慰抚他人的痛苦和忧伤。当你痛不欲生的时候，快乐的人们并不会察觉到你的痛苦，整个世界在他们眼里都是光明的。快乐的人们，对别人的痛苦，缺少深刻的感受力。而在痛苦中同样挣扎的人，他们有着感受你的能力，而自身的痛苦太深重，虽然可以沟通你的神经，但在痛苦中，他们已经失去了舔别人伤口的力气。

在痛苦中挣扎的人们，想寻找一份相通的感情，可最终发现的是又一颗相同的，正在痛苦中挣扎的灵魂。于是，各自捂着自己的伤口，藉着各自的伤痛。

1992年3月

关于爱情

如果我爱你，我要给你一个完整的我，一份完整的爱。不仅有完整的今天，还必须有完整的明天。可是，我的生命早已有了一个无法填补的空缺，它终于使我失去了爱你的能力。所以，终究要承受再次失去你。

假如你爱我，我要得到一个全部的你，一份全部的爱。不仅是全部的今天，还要有全部的明天。你说：我愿意，我愿意。可是，你生命中的一部分早已不再属于你自己。纵然你是我的另一半，那也已是破碎的一半。我不忍心日夜守着这份破碎，所以，只有悄悄地离开你。

你一次又一次地问：为什么？我含着泪，还是那样静静地对你说：如果我爱你，我必须给你一个完整的我；假如你爱我，我必须得到一个全部的你。

最后，你还在对我说：难道不是吗，我们正在用生命爱着？！

1992年1月

欲　望

不知从什么时候开始，我不再喜欢逛商场。不再好奇地在琳琅满目的橱窗里张望，总想选择一些自己喜欢的衣衫，在一排又一排的衣架中翻找着美丽的长裙，然后，在试衣室一件件穿上，在镜子里欣赏着自己依然年轻丰满的线条。也不知从什么时候开始，我不再喜欢在珠宝首饰之中热切地寻找自己喜欢的款式，再找上一个赠予自己的理由，或者是嘉奖自己的借口，然后，毫不犹豫，不管价钱是否昂贵就买下，给自己戴上。

沮丧、无聊时，曾靠购物让自己转换一种心情。多拥有一件漂亮的衣衫，或者一件喜欢的首饰，我会有一瞬的欢喜。然而，这样的满足便很快又消失得无影无踪。更膨胀的欲望，像野蘑菇一簇一簇在山野地里无边地繁衍生长。

这样的心情都过去了。像是过去的一个时代。如今购置的衣物堆积成箱，放在一旁，我已不再去欣赏，就像不再欣赏自己的某种心情一样。

1993年2月

道　别

你要走了，要回到大洋彼岸的国土去了。道别的时候到了！

候机室里，等待着登机的旅客，提着各种各样的行李，排成长队，一个又一个地走向机舱。队伍最后的那位旅客离我们越来越远了。

"道别的时候到了！"你看着我，我看着你。我们仍然坐在候机室的一角，久久凝视着，说不出一句道别的话。你的手握着我的手。你的美丽而忧伤的眼睛里，我看到的是自己一双同样忧伤的眼睛。

"你把我的一切都带走了。"我的眼睛默默地对你说。

"我把一切都留在你这里了。"你的眼睛在悄悄告诉我。

我的手紧紧地握住了你的手，像是要把你富有灵性的生命一直握进我的生命里。

你的眼睛久久地凝视着我的眼睛，像是要把我眼睛里的世界，变成永恒的意像带着走。

你那忧伤的眼睛，是我那颗悲伤的心。

"该上飞机了。"我强作微笑着。

“好好地过。”你用手最后一次抚摸我的头。你的眼睛却分明是在问我：“你会吗？你会好好地过吗？”

广播里传来了最后一次催你上飞机的声音。我的耳边已经响起了飞机发动的轰鸣声。

你从椅子上慢慢地站了起来，给我的腮边一个轻轻的吻。你要转过身去，脚却像是被钉在了那个永恒的位置。

“该上飞机了”。我扬起低着的头，眼睛里闪着倔强的泪。

你终于再看了我一眼，转过身去。

望着你走向机舱的背影，我忽然醒悟了：走了的是你，也是我，走了的是我们！

你的背影即将消失在机舱口。那一瞬，我忽然呼吸急促，脚忍不住地向前迈出。我想狂奔过去，扑倒在你的怀里。我要留住你，留住我，留住我们！

“你真要走吗？你要去哪里？”我想在你怀里失声痛哭，告诉你，我要与你同去，无论你去哪里，你的所在，才是我灵魂的归宿！

然而，你终于再也没回头。就这样走了。

走了的是你，也是我，走了的是我们！

1992年1月

学会了珍惜

因为懂得了人生是难免有缺陷的，阴晴阳缺，悲欢离合，都是生活的一部分，所以，便学会了更加从容地生活，坦然地接受和承纳命运中带给我的一切。带着那颗易感的心，心怀着感激。

眼睛，不再是一双挑剔求全的眼睛。眼前的世界变得柔和了，心变得宽容，明朗了。

个体的生命是这样强大，又是这样脆弱和渺小。当一位年轻的朋友，突然离开的时候，我才强烈地感受到这瞬间存在的生命，最终不知会飘落到哪里的精灵，是多么的美丽！

正是感受到生命的短暂，也感到人生的缺陷，才感到生活更加真实，感到生命更值得珍惜。

于是，我学会了珍惜。每一个有阳光的日子，都心怀着感激。风雨之中，带着虔诚，期待着光明，留下了那份执着，但不急也不躁。

心，不再飘逸，犹如脚终于又踏在了大地。

珍惜吧，珍惜我们的生命和生命带给我们的一切。

1993年12月

婚礼

海滩。起伏的浪潮。风中飘动的婚纱。一束玫瑰花。

情人岛。浪与浪。一层浪花追逐着另一层浪花，奔腾起伏，展示着生命的壮观与辽阔。

面对着太平洋的波涛，海鸥的鸣叫，在亲友的见证下，你把一枚金色的戒指戴在我左手的无名指上。你的脸上映着海上升起的太阳。

我也把一枚金色的戒指，一颗同样赤诚的心，交给了你。多年的飘流岁月，多少悲欢离合，在这块美丽而又陌生的土地上，在你的身旁，我终于又找到了灵魂的故乡。

这金色的圆环，她是爱情的象征，是生命的承诺。她是圆满。这个圆环，周而复始，不知从什么时候开始，也永远不会终止。一圈又一圈，一环又一环，互相连接着，总是围绕着一个轨道和中心，回到彼此的身边。

层层叠叠的海浪，不断地向我们涌来，无限地展示着它那多情而美丽的世界，辽阔无边，壮丽动人。愿生命和爱，像这连接大海的波浪，在那辽阔的世界里延伸，直到永远。

1994年5月

第四章
与孩子的心灵对话

借助孩子的眼睛，重新看世界。
借助你的心灵，让我重新认识自己。
感谢十八年的时光，让我陪你们一起长大。

写给女儿的诗两首

写在女儿十八岁的生日

你是一个意外
也是一个惊喜
你借助我的身体
来到这个世上

随着你的第一声哭泣
你睁开透明的眼睛
东张西望，仿佛在
寻找着世上原本的模样
你的双眼亮亮的暖暖的
像是窗外初升的太阳

护士给你剪断脐带
你哭得厉害
把你贴放在我的胸前
你便安静了下来

开始寻找着母亲的乳房
我用生命的乳汁把你养大

你咿呀学语时
会说的第一句话
那是你在我的怀里
叫妈妈，妈妈

你蹒跚学步的样子
摇晃着花裙子
捉迷藏，荡秋千
多少童话故事
留给我满满的记忆

你给了我做妈妈的幸福
那是腮边无数的吻
那是无数彩色的画
我知道你多彩的梦想
如同我儿时的梦一样

借助你的眼睛
我重新看世界
借助你的心灵
我重新认识自己
仿佛回到前世
重新生活一次

亲爱的女儿
你来自我，但不属于我
感谢十八年的时光

让我陪你一起长大

如今你的羽毛已经丰满
向往着飞翔
离巢的鸟儿
天空是如此宽阔
快乐自由地飞吧
愿你的笑容永远灿烂

无论你飞得多高
无论你离我多远
我都一样爱你
我亲爱的女儿！

2015年2月

但 愿

但愿
在你学会理性之前
在你习惯独处之前
在你意识到爱是一场冒险
不知自己是否可以承担它的代价之前
希望你能够无所顾忌
忘我地爱一场

但愿
你在爱中学会理性
在爱中寻找到自己
在爱中发现另一个灵魂
照亮了你，也净化了你

但愿
纯真的爱将伴随你的一生
如果没有
我也希望你曾体验过这样的情感
你在爱中曾经忘记了自己
升华了自己

但愿
你会永远相信
即使是在遍体鳞伤之时
仍然相信
这个世界上有这样的爱
值得你托付终身

但愿
你灵魂丰满，永不孤单
亲爱的孩子
但我更愿你有这样的运气
当你青春不在，头发花白的时候
你爱的人，依然陪伴在你的身边

2017年7月22
写于与女儿旅行的路上
Providence， RI

妈妈，请相信我

女儿高中的最后一个暑期，千头万绪，她有着无数想做的事情，我有些为她担忧。全家没有安排太多的旅行，因为女儿想利用暑假的时间为她申请大学（包括艺术学院）做她的艺术作品集（Art Portfolio）。我们也督促她开始准备申请大学的作文（College Essays）。

时间一天天过去，每天我回到家，看到客厅里堆满了她正在创作的作品，绘画材料铺得到处都是。几周后她占据了厨房、橱台、过道；除了卧室外，几乎所有的空间都成了她的"工作室"。有时我想稍微收拾一下厨房的台面，但是又怕影响她的工作状态，怕打断她的思路，也怕她找不到东西，所以时时要耐着性子提醒自己，家里再乱，也不要影响她的"创作"。

女儿准备的艺术作品有油画、素描、版画、多媒体材料组合剪贴的东西。有一天她让我去商店买两打鸡蛋，我以为是她们朋友聚会用的食物，要煮茶叶蛋或者炒鸡蛋。没想到，她把两打鸡蛋一个个打落到我的一个玻璃花瓶里，看着蛋黄在蛋清里面沉淀的样子，拍了很多照片；然后用长筷子搅拌，一边咯咯地笑着，一边兴奋地拍照，记录蛋黄与蛋白溶和的过程。后来她把这些照片重叠起来，做了一个创意的设计构图。我不知道她要表达什么，但觉得构图与色彩很美。这种试验的方法，也成为她构思Art Portfolio的一种方式。这些重叠的摄影，间隙之中夹了些其它材料与颜色，也成了她的一张申请大学的作品。

女儿很喜欢她高中的心理学课，从课堂上学习的三个定律中得到灵感，把这几个定律演译成一组版画。一组黑白的人像，好像要表现人类的起源，给人一种视觉的冲击力。

最后的暑假她也不上画画课了，很多时间自己在“冥思苦想”之中。做到一定程度，她会带着作品去见她的画画老师方云华，让方老师评论，提出修改意见，然后她回家继续工作。

方老师总是及时地给于学生专业的指导，告诉他们哪里画得很好，哪里要修改。他总是不厌其烦，而且要求很高。 他总是希望学生花足够的时间做出最好的作品，可是这些学生除了画画外，还有无穷多的事情。

女儿从来也不知道每幅画什么时候可以完成，她告诉我画画不象做数学题一样，因为没有标准答案，很难确定什么时候做完。

每天下班回到家看到她在草稿上修改构图；画架上的作品可能又多了一些内容；有时画到一半，她又索性重新开始。

每个学校的要求都不一样，有的需要十张作品，有的需要更多。女儿有她自己的节奏，似乎总在等待她的灵感到来，同时又追求技巧上的完美。追求完美是她的个性。

暑假一天天过去，还有两、三周就开学了，她的艺术作品集还有很多没有完成。她准备申请早期录取（Early Action），十一月份就要完成申请材料。一开学她就会忙于功课、其它课外活动，就很难有完整的时间再来做艺术作品集了。

一天早晨我上班前，女儿让我把她送到方老师画室，汽车在85号公路上被堵得水泄不通，高速公路象个停车场，走一步，停一步，心烦气躁，晕车几乎要导致呕吐。

我一边为女儿着急，一边又急着要上班，终于忍不住了多日积压下来的焦虑，对女儿一连串地发问。

“你的作品集准备得怎么样了？还有多少张要完成？赶快做完吧，马上要开学了！”我的话中带着焦虑。

“还有不少没完成，我正在做着。I am working on it！”她永远给我这个回答。我听得太多遍了。你能不能有个具体的计划？

“这一、两周怎么不见任何进展？”我继续问。

“我对好多张作品都不满意，想重新做！”女儿说。

“你没那么多时间了！差不多就行了，你已经努力了。”我不希望她无休止，每天十几个小时永远做下去。

“有几张作品，我应该可以做得更好！”女儿平静地回答。

“你可以看看以前学生的作品，也许可以给你一点启发。起码你会知道这些学校 Art Portfolio 的标准。”我想帮女儿出点主意。

不料她严厉地反驳。“妈妈，我可不想用别人的想法或者作品拿来当作我的。即使这样进了好学校，我也不会觉得自豪。Art Portfolio 必须是代表我个性的作品，它们必须是独特的，真实的。”

天哪！女儿开始教训起我来，让她看看以前学生申请大学的作品，好像我让她去抄袭，作弊似的。

“我不是让你去抄别人的，而是希望你走出自己的思维状态，也许能得到一些灵性的启发！”我大声争辩起来。

“该看的都看了，现在只是需要我自己把它做出来。要表达自己的思想，同时要尽量展现自己最好的绘画技巧。”女儿进一步解释。

我听着都觉得难度太大了，有点心软了。但还是担心地说：“你最好有个时间表，知道什么时候该完成什么。否则你永远不会满意，怕你不能按时完成。”

“申请截止日就是必须完成的日子。”女儿回答。

“你能不能在申请截止日前几天完成啊？”我开始较劲。

“妈妈，请你相信我！”女儿说得斩钉截铁。

我再也说不出话来。的确我的焦虑并不能给她任何帮助，申请大学是孩子自己的事情！在通往大学的路上，她是坐在驾驶座位上的司机，我只是一个坐在她身旁的乘客。如果我不停地给她指路，发号施令，那必然会干扰她的视线，影响她的心情，面对外界的“杂音”，她如何能专注走自己的路呢？

此刻我知道不管多么替孩子着急，路还是要他们自己一步一步地走。父母该学会放手了，让孩子自己去飞翔吧！

想想孩子来到这个世界，他们一年年长大，先学会吃饭走路，然后慢慢地学会各种技能技巧。父母可以呵护他们，但是代替不了他们。

我忽然明白了在孩子申请大学的过程中，我们父母的角色就是做好后勤工作，让孩子没有后患之忧，给予他们所需要的支持，然后让他们能专注地做他们应该做的事情。父母千万不要把自己的焦虑、自己的价值观强加给孩子。

还有一件值得一提的事情，女儿准备大学作文的过程中，我多次说，写的草稿给妈妈看看，也许我可以给你提点建议。朋友们都知道她在初中时得过联合国儿童绘画比赛北美地区一等奖，但是申请大学只是注重高中时期的成绩和课外活动，初中的档案不在申请材料内。唯一可以表现自己其它才艺的机会是通过大学申请作文，我当然也这样对她讲。几乎每一个关心她的亲友都这样提醒她。

女儿在写大学申请作文时，没有给我们看。她总是说：“It's personal！我写完可以给你们看。”

等她写完了，忙于申请学校也没有时间给我们看。

申请学校结束后，她又说：“申请大学已经结束了，Let's move on now." 我还是没有看到她写的作文。

直到第二年秋天，东岸大学论坛的朋友来征文，他们准备出一本《2015年大学申请范文》，我问女儿是否愿意分享她的申请作文，告诉她可以帮助将要申请大学的学弟学妹，她欣然答应了。这时我才有机会第一次读到女儿的两篇作文。

我一边读着，一边感慨万千。她没有写我和亲友们建议她写的内容，也许这是她不愿意跟我们分享她作文的缘故吧！因为她不准备接受我们的建议，她已经有了自己的价值观，行为判断和审美标准。我读着她的“故事”，眼前便出现了那个活泼可爱，富有创意的小女孩。

女儿在申请大学截止日期前如期地完成了所有的申请工作，包括艺术作品集。我不知道她是不是做出了自己最满意的作品，也不知道她是不是等到了她的“神来之笔”。但是我看到了她的努力，看到了她的热爱，看到她扎扎实实走过的每一步。　这些艺术作品都代表了她的个性，她的思想。它们是独特的，不可复制的。

在旧金山一月份的National Art Portfolio Day有一所名列前茅的艺术学院当场录取了她，愿为她提供奖学金。

最后我庆幸自己没有过多干扰女儿的创作及申请大学的过程。我记住了女儿的那句话：“妈妈，请相信我！”这也许是很多孩子的呼唤，我们当父母的真应该学习倾听孩子的心声。

尽管每个孩子的秉性不同，申请大学只是孩子人生道路上的一小站，绝不是终点站。如同孩子学习走路一样，他们需要时，我们搀扶一下，然后让他们去走自己的路吧！他们会跑得比我们更快，哪怕跌倒了再爬起来，也会让他们的筋骨更加健壮！

让我们相信，每个孩子都有自己的精彩。

2016年8月

当孩子失落时

美国各大学提前录取申请（EA/ED)最密集的发榜期都在12月中旬，朋友们都在祝贺那些提前录取的幸运学生，只见赞声一片。

星期六的上午，我与女儿一起去参加一个社区活动，见到一位与女儿一起学画的女孩，她不久前还得了一个绘画比赛的大奖，得知她被耶鲁大学艺术学院延迟(Defer)到正常申请程序。晚上见到一位老同学，她女儿也被麻省理工学院延迟了录取。

我知道这两位孩子都非常优秀。听到被延迟录取的消息，刚想说几句祝贺或宽慰他们的话，马上意识到这显然不是孩子与家长期待的结局；我真心想说被延迟录取（Defer）说明你够格，还有希望被录取啊。但心里也很清楚，有多少优秀的学生申请耶鲁大学和麻省理工学院，学校不可能录取那么多学生。我也相信他们最终会上很好的大学，但最终也没能找到合适的话来安慰这两位孩子。

当我们为提前录取的学生点赞时，其实我在心里却想着那些“被拒”的学生，是否有人在安慰他们、鼓励他们。

外人看到的只是结果，没人知道一路的过程。也许很多人根本就不关心这个过程，只在乎最后的结局。

说到这里，女儿申请大学的情景，又浮现在眼前。大家知道她去了普林斯顿大学，其实她最后一年最心仪的大学是耶鲁大学艺术系，她也是经历了申请耶鲁大学提前录取，被延迟录取， 然后被拒的三部曲。

在一个暴风雪交加的二月，我们带女儿去东岸参观了八所校园。其中有几所她喜欢的学校。但是一路走下来，耶鲁给她留下了最深的印象。那美丽的校园；令人惊叹的图书馆，流连忘返的博物馆；学生食堂飘出的饭菜香味；招生办播放的学校介绍录相，无不令她向往。

耶鲁招生办没有一本正经的学院派风格，而是用歌剧表演的方式呈现了学生生活的丰富多彩。零下二十多度的气温，暴风雪之旅，丝毫没有减少女儿的热情，从此她开始向往耶鲁校园，希望能去那里学习艺术。

她做着各种努力，包括申请艺术学院的作品集，与三、四位品学兼优的好友一起报考了耶鲁大学艺术系的提前录取。我们知道耶鲁大学艺术系也许是公认的美国大学美术系的最高学府，录取率低于5%，除了靠实力，还要凭运气。

孩子申请大学的过程基本上都是自理的，除了督促她不要拖到最后一刻递交申请，别的忙也帮不上。

提前录取申请截止日好像是星期五，我们知道女儿提前几天递交了所有的申请材料，就让她放松心情，做完了一件事，不要再想它了。这就像中奖一样，有机遇和运气。

不料星期六早上她又上申请网站查看。

“Oh, no. Why（怎么会是这样）？”她带着哭腔。

“怎么了？”我正在厨房做早餐。

“申请网站上说我的申请材料不全，缺了一封老师的推荐信。”她好像要哭了。

“你怎么不早点提醒一下老师呢？”我把刚想脱口而出的话收住了，这话此刻不能帮上忙。

“老师有很多学生，你上次是什么时候跟他说的？最近有没有提醒他？有没有告诉老师申请截止期？”我轻声地问。

“历史老师答应给我写推荐信，两个星期前提醒过他，一个星期前还跟老师说过。”女儿说着带着委屈。

“你有老师的电话吗？”我问她。“今天是星期六。”

“没有老师电话。我们都是见面说话。有时送电子邮件。”女儿说，没法查到老师的私人电话。

“你有学校大学顾问的电话吗？”先生在一边提醒。

“没有他的私人电话，”女儿回答。

这时我们能够做些什么？我忽然意识到这时父母绝对不能像孩子一样焦虑，父母一定要镇定，内心强大，才能在孩子失落时支撑起他们的精神世界。

“孩子，这个世界上很多事情都不是我们自己可以控制和把握的，我们能做的就是把自己可以做的事情做好。看看我们现在还能做些什么？比如说给老师送个电子邮件？”我语气非常镇定，没有一点不安或者抱怨。

女儿给她的老师，还有学校的顾问各发了一份电子邮件。

这时我叫女儿，先生吃早餐。女儿一下子冲出厨房，客厅，冲到后院，忍不住眼泪，哭了起来。

我和先生没有跟着她出去，让她独自一人“发泄”一下失望、无奈和委屈的心情。

我把早餐的粥，鸡蛋，女儿喜欢吃的小菜放到桌上摆好，坐着等她。

先生沉着镇静，开始上耶鲁大学的网站了解情况。

过了几分钟，女儿进屋了，坐下来。眼睛还是有点红，擦着泪。

先生查到，“网站不是随时更新的。”也许老师的申请材料已经寄出，但网站还没有更新。

还查到如果学生的申请材料到截止日期没有交齐就不收了，但是如果学校或老师有特殊原因没有按时递送材料，还是可以接受的。

“星期一，你可以到学校找老师确认一下，万一老师有特殊原因没能及时送出推荐信，还是可以补交的。”先生很平静理性地对女儿说。

女儿这时已经恢复正常了。“好吧，周一去问一问。”

我们开始吃早餐。我又一次对孩子说：“咱们不是说过，进这类学校像中奖一样吗？你要有这种心理准备，不要太纠结上什么学校。”

“我知道。但还是很难不去想。”女儿说。

周一早上女儿到学校见老师，知道老师已经在截至日期前送出了推荐信。

“现在不用再想这事了。就像你用心投入去画画一样，画完了，别想会不会得奖。”我又嘱咐一句。女儿说知道了。

12月中，提前录取结果出来了，我们没有盯着结果，也没有主动问。直到那天晚上女儿告诉我们，她被耶鲁延迟了。几位学业、画画都很强的同学被拒了；另一位同学和她一样被延迟了。我们很轻描淡写地说，这些藤校无法招收那么多好学生啊。

在3月藤校发榜前，女儿陆陆续续收到了一些学校的录取通知书，还有一所录取她的学校，提供机票及三天的食宿，邀请她去参观学校。我们陪她一起去，真心为她高兴，觉得这些学校都不错。她在心里也很喜欢几所录取她的学校，但是我知道她还在等耶鲁的录取结果。

3月31日傍晚，我仍在办公室上班。从电话，电子邮件中已经收到几位朋友的孩子的录取结果。我没有着急想知道女儿申请藤校的结果，也相信女儿已经做好了足够的精神准备，这位从小很顺利而且很要强的小女孩已经能坦然面对被拒的挫折感了。

女儿先打开了耶鲁大学的申请结果，被拒了。她很平静，停留了片刻，坦然接受了，仍然给自己鼓气。然后她打开普林斯顿大学的申请结果，她被录取了。那一刻，她说似乎没有悲喜，而是从心底里生起一份谦卑和感动。

“我是幸运的。谢谢你们一路陪我走过。”女儿给我办公室打来电话。不知怎地，我的眼泪一下子模糊了双眼。不是因为她考上了藤校，而是我知道女儿的翅膀已经丰满，即将离我远航。

2016年12月

送女儿去东部上学

女儿去东部上学前已经做好了充分的准备。

高中毕业后与几位同学结伴旅行，回家后几乎每天与同学朋友聚会话别。周日常应她之约，我们母女俩一起午餐或者到住处附近的咖啡馆，蛋糕店坐坐聊聊天。她想知道关于她小时候的所有故事，还有她十八年来生命中的重大事件，也询问了很多她妈妈的生活经历。

连续多个周末陪她购买上学所需的物品。先生让女儿列了一个购物单，我们也准备了一个清单。后来在普林斯顿大学新生家长群见到一个详尽的购物单。最后又得知可以在加州购物，到普林斯顿附近的商店取货。

来到住处附近的Bed Bath & Beyond商店，说明来意，服务员便拿出他们店里给大学新生的购物单。得知女儿要去普大，马上又拿出普大的购物单。给了一个射描机，看到需要的物件，扫描一下，最后打出定单，可以删减或添加。不需预先支付，到学校附近的商店取货时交款，非常方便。

我拿着手中的多份购物单，感到父母为孩子上学前所承担的各种焦虑，所做的很多准备，往往事后显得是如此地多余。

女儿做事总会拖到最后一分钟，但似乎从没有耽误过任何事。

临行前一天，我问女儿："行李收拾好了吗？"

她说："差不多了。"我已经听她说过多遍了，总为她着急。

晚饭前她突然又说，还想带一套画画的彩笔，还要一个小的素描本。我一边抱怨她总是拖到最后一分钟，一边开车带她去附近的商店买彩笔与画本。

车开到半路，女儿忽然很认真地问："妈妈，明天我就要走了，你还有什么要嘱咐的吗？"

我一时语塞，不知如何回答。嘱咐女儿的话，说过很多了，不知道她听进去多少，记得哪句？我还想喋喋不休地反复叮咛。诸如，别忘了吃早餐；东部冷，冬天不要穿裙子或短裤出门；晚上别太晚睡；成绩没那么重要……这些老生常谈的话，我刚提到，女儿一定会提醒我，你已经说过了。其实我心里明白，该说的话都说过了，而且女儿也未必需要，只不过是做妈的自我需要罢了。

第二天早上，女儿很早起床，笑容灿烂。先生有些失落。上飞机前他在看新生Orientation的日程。周五check-in，早上八点可以取宿舍钥匙。新生注册，搬入住宿后，所有的活动都是为学生安排的，没有"请"家长参加。我说这是孩子去上学，不是你去上学。你现在的任务就是付学费，别的不要管太多。他看着我像个"后妈"似的。

的确很多父母为孩子离家而难过，我却似乎盼望已久这一天的到来，可以还我一身轻松和自由。如今女儿如愿以偿要到东海岸她向往的校园，我还有好多想做的事情，现在应该有更多的时间去做自己喜欢的事了。

在机场，我们没有太多的话，只是享受着那份静静相守的美好。看到女儿露出肩上的内衣吊带穿歪了，帮她摆正；捋一捋她前额有些零乱，挡住眼睛的头发，触摸到她光滑娇嫩的额头，望着她可爱的笑脸，再次嘱咐她，出门要抹防晒液。不知怎地，这时眼泪模糊了我的双眼，再也说不出话来。

孩子，人生要经历那么多的聚散与道别，送你去东部上学是一件快乐，而不是难过的事情。快快乐乐地上学去吧！当你圣诞节回到家里，妈妈再为你做你最喜欢吃的荷包煎蛋。

2015年9月

一场母女的心灵对话

放暑假了，女儿从普林斯顿回到加州，只回家几天，马上要到日本去参加二个多月的暑期班，学习日文。我陪她一起飞到日本，借此机会去日本度假。一路上母女俩聊天，留下很多难忘的对话。

离家的那天我们乘坐很早的航班从旧金山飞往大阪，一早就来到了机场。因为起得太早我的大脑显得格外迟钝，还没有完全苏醒起来。在机场等候飞机，要了一杯咖啡，给孩子一杯果汁，一份早点，刚刚坐下来，我在等待自己"苏醒"过来，女儿就顺手从随身的书包里拿出笔记本，写了起来。我问她写什么，她说写日记。回家几天早出晚归，马不停蹄地见朋友，心中有很多感慨，此刻她想把这些瞬间记录下来。

我故意把目光移向远方，不去看她在写什么，想让她知道，她的日记本是一个自我，隐私的空间。她应该感到很安全，没有人，包括她妈妈，会去睽探她内心最隐密的世界。

女儿告诉我，她几乎每天都写日记，在普大一年级写了三本日记。我对她说：继续写吧。有书和日记本你将不会孤独。

上飞机前我问女儿，她要在日本呆两个多月，怎么只带了一个手提小箱子，一个书包，为何不托运个行李箱。她说，带了五套（五天）夏季的替换衣服，两条裙子，简单的学习用具，给日本的host family带了礼物。不需要其他东西了。她觉得过去我们出门总是带很多用不上的东西，行李少方便。我的书包里正好带着一本日本作者山下英子写的《断舍离》，极简的文字，却传递了醒目的信息，几次国际旅行我都带在身边阅读。女儿没有读过这类书，却似乎已经开始学习这种生活方式了。

上次坐飞机和女儿一起旅行是去年九月送她去普大上学。一学年过去了，我很想知道这一年她是怎么度过的。

我关心地问女儿："你第一次离开家到东部上学，想家吗？"

她迟疑了片刻，放低了语气，很不好意思地说："学习太忙了，没时间想。"一副很抱歉，不好意思的表情，满脸的可爱与率真。她的回答让我放心了很多，但知道她要强，追求完满的性格，还是怕她学习太用功，不顾身体。

孩子所在的 Palo Alto 高中学习压力大，最后两、三年很辛苦，但是这些又为他们上大学打下了扎实的基础。

我问女儿，"高中最后两年累还是大学第一年更累？"

她不加思索地回答："大一的功课更多、更累，学习进度比高中快得多，学习的内容更深入。"

我好奇地问她，上了大学，是否感到学习压力小点了，至少没有考大学的压力了。

她说，压力总是有的，主要是来自自己。她认为努力把事情做好（学习也一样）是一件非常令人快乐而满足的事情。

知道普大的课程很重，学习紧张，女儿的法文，中文都不错，高中期间都考过AP。我想她上大学也许会选择法文或中文当作外语，既轻松，又不至于丢了这两门外文。没想到女儿又重新开始学习一门新的外语——日语。

我问她为什么突然想学日文。她说，因为中文，法文基本上可以使用了，可以自己阅读，一般的听说也没问题。她觉得大学里再学法文、中文有点浪费时间，所以想学其他外语，她一直想学日文。但是没想到班里很多学生都有很好的日文基础，还有从小在家说日文的第二代日本人。课堂上进度非常快，每天要花很多时间，要用功才能跟上。

女儿说她对语言非常感兴趣，不同的语言代表着不同的文化。希望能多懂几国语言，以后到不同的国家去学习，去看看。

我知道女儿从来不走捷径，她小小的年龄便知道世上没有捷径，唯有踏踏实实地学习，才能获得真知。

女儿远在东部，与我们相隔三千英里，总是有些担心她的饮食起居，学习压力。不难想象普大的学生个个都是他们高中时期的好学生，上了大学他们是否会有所失落，是否能调整好心态，迎接新的挑战？

我问女儿，有没有同学上普大后学习很费劲，很痛苦。“Anyone struggle at the School? ”我只是想提醒她，不要太要强，周围都是好学生。

女儿回答：“We ALL struggle in our own ways. ” 她的语气加重了“All”这个字，她想告诉我每个学生都很努力，没有轻松可言。想来这也符合逻辑，如果没有这种“学霸”式勤奋好学的品格，他们也许进不了普大这样的学校啊！

每个学生都有自己的“Struggle”，我理解，每个人都有自己的坎要过、坡要爬。每个学生都很拼，都很努力。

我问女儿，“你的最大挑战是什么？”

她回答：“想学的东西太多了，时间有限，上课进度很快，需要有效管理时间，需要很自律，否则就会跟不上了。”

听说普大学生食堂的伙食不错，问女儿是否喜欢那里的饭菜。女儿说，吃得很丰富，足够营养，也很习惯，但是没有任何地方的饭菜可以跟妈妈做的饭相比啊。听她说到这，我的鼻子一酸，眼睛有些湿润了。

时间过得好快，大学一年很快过去了。我问女儿上大学第一年最大收获是什么？

女儿回答："学到很多新的东西，发掘自己的兴趣与潜能。她说在尝试一些新的东西，上了雕塑课，电脑课，还参加了一个舞蹈队。

然后女儿开始跟我算旧账了。

她记得在五年级时很想练体操，但是我告诉她"五年级练体操太晚了。"她在幼儿园时上过体操课，两年后她就不去了。到了五年级她又想上体操课，我没有支持。

她还说，高中时我曾经说她没有数学头脑。她听了我说的话，信以为真。后来在普大发现自己的数学没有那么差！

上学期她选了一门计算机课，不是介绍性的基础课，班上很多同学上过计算机AP，她想学，但怕太难不能过，于是选择了通过与不通过（Pass/Fail）的评分标准。第一次课堂作业，要求编一个小程序，做一个引力波的视频。有编程经验的同学只花一、两个小时，她却花了八小时完成。但是当她第一次按下电脑键，看到她编写的数字符号使得画面转动、音乐响起的瞬间，她是非常兴奋而有成就感的。

上这门计算机课，花她不少时间，最后她学得很不错，其实完全不需选P/F。她发现自己有能力学好数学和 CS 之类的课。目前为止她选的课程跨越了文理艺术不同学科，但成绩都不错。学习新的学科领域，那些努力、尝试后得到的收获是她新的动力和灵感的源泉。

接着女儿"教育"我，以后你对小朋友说他们什么不行，要特别小心，因为他们会信以为真，不敢再去尝试，会让他们丧失信心。

我心里感谢女儿这样真诚的对话，她一直想学艺术，非常高兴她去选一些数理课。

我静静地听着，没有解释与争辩。她说得有理，大人对孩子应该多鼓励。虽然在我心里认为她“数学差”是相对于她的语言能力，绘画，形象思维能力而言，这些能力远在她数理逻辑能力之上。十年级时女儿在数学最快班，每天要花很多时间做数学作业，在我的多次劝说下，并与老师沟通后，女儿终于同意从数学最快班调到下面一个班，这样她可以有更多的时间做其他喜欢的事，可以确保她所需的睡眠时间。

现在看来，无论对与错，我的确不该用那些打击她自信心的话来劝说她以牺牲睡眠而换取的优异成绩单并不那么值得。

我也没有告诉她双职工的父母实在难以接送她参加太多的课外活动，何况她的活动已经很多，而且多变。

当妈妈真是一份不容易的工作，对孩子管太多，怕他们心智难以成熟，也怕他们逆反心态。对孩子管太少，又怕错过了什么而后悔父母当初没能提供更好的学习条件。什么时候该管，管多少才好，收放之间如果平衡？孩子什么都想学　（或者什么都不想学），该鼓励他们学什么，参加多少课外活动才适合？这些都是当妈妈常常为之纠结的事，每个孩子都不同，做父母真是一门最难修的功课啊！

如果生命可以重新开始，我相信我们一定可以避免许多过错。

女儿教育了我一番，然后告诉我她非常喜欢普大。她觉得自己是个很幸运的女孩，知道父母深爱她，甚至有些过份溺爱，过度保护她。

一路上我们聊到女儿的专业，她所向往的有创意的工作，聊到我们无数想做的事情，想去的地方。最后女儿说：Mom, let’s enjoy the time NOW！妈妈，让我们享受现在的时光吧！

女儿带着一本日记本，　一路上写着，记着她眼中的世界。她的笔记本封面上写着“All we have is NOW！”我们所拥有的只是现在！

看着坐在身边的女儿，她在我怀中咿呀学语的样子晃如昨日。此刻她离我很近，但是我知道她会走得很远，她会到达一个我无法到达的地方。真希望能有更多的时间陪伴她，但是我知道，我只能在一程又一程送行的路上，目送她远去的背影，默默地祝福她。

2016年6月

写在女儿20岁的生日

—— 回答女儿“创造力”哪里来?

亲爱的女儿，

今天是你20岁的生日，我的孩子！

二月的普林斯顿仍然是冰寒地冻的季节吧？妈妈很想给你捎去一束加州的阳光；想给你捎去院子里一排盛开的山茶花；还有你喜欢吃的，妈妈做的荷包煎蛋。

爸爸昨天刚从中国回到家，想到今天是你20岁的生日，他马上要飞到东部去给你过生日。他说一生有几个20岁啊。妈妈的脚扭伤，行动不便，难以旅行。你寒假回校才一个多月，怎么觉得已经过了很久了？

我知道每一天都是特殊的，有意义的。但是每一个生日，又给了我们一个庆贺的借口和理由。你的每一个生日，我们都清晰地见证了你又一年的成长。

你在我怀里咿呀学语的样子恍如昨日，摇身一变，你已是一个20岁亭亭玉立的大姑娘了，你已经是一位大学二年级的学生。妈妈的记忆里仍然珍藏着无数你小时候的趣事，你来到这个世上给我带来了多少快乐，你让我感到生命的神奇。

去年暑假你回校后，意外地收到一封你的中文信。你说在学校里没有机会练习中文，中文不如过去流利了，以后有时间每周要给我写一封中文信，这样也可以让我们知道你每周的近况。你还认真地写道："如果看到我的中文错别字或病句，一定要纠正啊！也请告诉我一些你们最近做的事。" 可爱的孩子，你总是在无意中带给我那么多的惊喜和快乐。

从此每个周末读你的周记，给你回信，便成为我每周期盼的事情。随着你的文字描述，我仿佛走进了你的世界。

听你们哲学老师在讲解"什么是行动"；看你们在心理学课上做实验，让你联想到如何解释很多司空见惯的行为方式；当你意外发现你们《神经科学》的教科书是你的好朋友的父亲写的，我看到你脸上惊喜的表情。

随着你的叙述我仿佛和你们一起到纽约去看百老汇剧，参观现代博物馆，听音乐会。

你告诉我，舞鞋跳出了一个大洞，我仿佛看到你翩翩起舞的样子；舞蹈队和合唱团的排练、演出把你的业余时间排得满满的，你还到无家可归孩子的收容所当义工，给孩子们上课。

你还在学校设计中心找了一份工作，想给自己一点实习的机会；十月你注册成为一位选民，可以参加2016年的总统选举。最近你们刚去普大的学期中间的半途休整 (Half-Time retreat)。

每一天你都在学习新的东西，每一周我都看到你在参加各种活动。你们的校园生活真是太丰富了，让我好羡慕。

你从来都是一个快乐的孩子，对世界上的一切充满了好奇心，对生活充满了热情。可是冬假返校后，第一次看到你在信中表现出一丝疲惫，夹带着淡淡的茫然与困惑。也许是因为节假后回到学校马上要投入紧张的复习考试，普林斯顿大学的期末考试为什么安排在圣诞节后？

你说，还没反应过来，一个星期又过去了。这周除了复习准备考试，没做任何事。你最近在想整天学习会不会影响创造力？学习各种各样的学科应该是好事，可是最近发现自己的创造力不如过去强了。也没有时间画画，不知怎么提高？

知道这个学期你上了五门课：心理学，哲学，神经科学，日文，还有一门科学与艺术相结合的（跨学科的）课程。可以想象你每天忙于上课，大量阅读，做作业，写Paper，还有课外活动，忙得没有时间画画了。

我们成年画画班的陈保平老师曾经对我们说过，如果没有时间画画时，可以用眼睛去画画，用脑子、用心灵去画画。

你看普大的校园那么美！看看那些古典的建筑；看看树木、花草在四季中的变化；看看路上的行人，及他们的表情；天空的云彩；空气中的气息；大教室的台阶。生活中的一切你都可以通过自己的眼睛去构图，去绘画，去发现美。等你有时间坐下来摊开画布的时候，你就可以更好地去表达自己的所思所想了。

你问整天学习会不会影响创造力？你提到学习和创造力的关系，让我思考。读着你的文字，又让我有一点担心（我知道这是多余的）。你一定是因为忙于考试而导致了一点疲劳感，无助感，也带给你一种“紧迫感”吧？但是你提出的问题，的确值得我们思考，值得我们去寻找答案。我与两位老师和成年画画班上的同学们一起讨论。

陈保平老师不断地告诉我们，艺术来源于生活和学习的积累，艺术不是单纯的“技术”，它表达美的东西，表达情感，表达个性和思想。艺术最后表现的是艺术家情感的积累，生活的积累，而不是“技巧”。学习艺术，一定要有各种知识的基础与生活的积累，才能有“后劲”，才能走得远。

方云华老师对你很关心，对你的问题非常用心回答，他多次给我回邮件。

方老师认为“读万卷书，行万里路”，学习各种知识是必须的；关键在于学生怎么学？老师怎么教？创造性的培养要从小做起，要方法对，不中断，这是一个漫长的过程。科学和艺术的创新原理和本质是一样的或者说是相近的。

方老师还跟他的老同学，艺术教育家探讨这个问题，希望能找出一些有规律性的东西，可以让所有的学生受益。　他同时把你的提问转发到他的艺术探讨群，几位热心的家长也参与了讨论。

让我特别感动的是壮壮的妈妈，她在斯坦福大学从事生物研究。她认为你的问题有“急迫”解决的必要性，她那天上午放下手上的工作给你回复，为你答疑。希望能对你有所帮助。

她想告诉你，创造力来自不断的学习，各个领域的深入学习。只有具备了足够的基础知识才可能进一步去创新，所以基础知识的学习非常关键。具备了广博的知识和见解，然后在技巧上做训练，两者结合才能做好艺术。

有一位做编辑工作的家长也分享了他的观点。他说任何学科都有自身的独特性，也有与其他学科的相关性。正是对各种学科的学习才能从不同的角度，不同的侧面去审视人、事或世界。不认为多修学科会束缚人的创造力，相反会唤醒自我的感观能力，从各个角度，深度，全方位地去完善自己的创意。

还有一位妈妈推荐了一本书 《Creative Confidence》。作者认为保持创造能力，知识面一定要广博，还要习惯用知识去以创新的心态解决各种问题。我在网上给你买了这本书，希望这两天你能收到。

大家都认为深入学习各种知识是创造力的源泉。那么是不是知识越多创造力越强呢？ 显然不是的。那它又是什么关系呢？

我正在琢磨这个问题，忽然昨天看到一篇文章正好解答这个问题。清华大学经管学院院长钱颖一教授谈到知识与创造力的关系，读了如同醍醐灌顶。冥冥之中如同有一只手牵引着我们，有一束光在黑夜里给我们指路。

钱颖一教授提出，我们对教育的认识（他是指在中国），过于局限在“知识”上。创造力需要有知识，但是不仅仅是知识。

人的创造力从哪里来？钱教授提出一个简单的假说：创造性等于知识乘以好奇心和想象力（creativity = knowledge x curiosity/imagination）。

知识通常是随着受教育的增多而增多。但是知识越多，未必创造力越大；如果教育环境和方法不去保护好奇心和想象力，那么增加知识的同时，就有可能减少好奇心和想象力，从而减少创造力。

他讲到儿童时期的好奇心和想象力特别高，但是随着受教育越多，好奇心和想象力很有可能会递减。这是因为知识体系都是有框架，有假定的，在客观上就容易产生压制好奇心和想象力的效果。

钱颖一教授认为好奇心和想象力是思维模式、心智模式、心态中的一种。所以，他的假说也可以表达为：创造力=知识×心智模式（creativity= knowledge x mindset）。

Mindset（心智模式）不仅是一种能力，更是一种价值取向。创造性心态是一种永不满足于现状，总想与众不同的渴望。

钱教授还举四个人的例子从不同角度说明具有创造性人的心智模式的特征：

爱因斯坦的简洁思维；

乔布斯的“不同思维”；

马斯克（Elon Musk）的“反直觉思维”；

蒂尔（Peter Thiel《从0到1》的作者）的“逆向思维”。

钱教授强调，创造性的思维绝不仅仅是思维技能或技巧，更是一种心态，一种习惯。在学校很难讲授，但是他相信学生自己可以在感悟中塑造。

这篇文章写得太好了，回答了你的问题。有时间细读一下，相信你会得到很大的启发。当然任何人的观点，包括权威的论点都不能代替我们自己的思考，我们都要寻找自己的答案。

孩子，你看我们时时刻刻都在学习中，学习不仅仅是课堂上，书本上的知识。我们可以从别人的经验和思考中受益；可以从各种生活经验中（包括挫折失败中）学习、思考、感悟、成长。这个世界有很多疑问，也许没有现成的、固定的答案，我们来到这个世界，就是为了寻找自己的答案。你在学习、寻找着自己的答案，妈妈也是这样。

你是这样一个富有创意的孩子，我相信在你未来的学习、感悟中能够保持自己的想象力和好奇心，并不断地塑造自己的创造力。

借你生日，让我整理，记录一下这两周的思绪，象是享受一份守候你，与你独处的时光。

中国春节那天，方老师画画班上的一位妈妈送给我一本精美的笔记本，上面有很多漂亮的画。我没舍得用，捎去给你当作生日礼物吧。你可以用来画画或者写字，你比我更配得上用它。

亲爱的女儿，祝你生日快乐！永远快乐！

爱你的妈妈

2017年2月

写在儿子22岁的生日

——儿子，我唯一希望的是，你能活出自己想要的模样

亲爱的儿子，

今天是你22岁的生日，我的孩子！　在祝你生日快乐之前，妈妈首先要祝贺你大学毕业。最近你找到了第一份工作，你已经真正成为了一位自食其力的男子汉！这是一件值得庆贺的事情。

五月你大学毕业，离开了校园；　你开始用不同的眼睛看世界，看自己，开始寻找自己的生活之路。你的前世似乎就注定了你要走一条与众不同的路。

孩子，请原谅我，一位空巢妈妈在你生日里的喋喋不休，我有很多想对你说的话。

你今天是否也会象妈妈一样回顾一下你有记忆起到今日的生命之旅？也许你会觉得这些年过得并不那么容易？

22年前，全家盼望着你来到这个世界，可你却在我肚子里迟迟不肯出来。你生下来就哭个不停，让刚做妈妈的我措手不及。你的出现改变了我的一切。

妈妈年轻时爱热闹，爱旅游，可是走到那里你都哭闹不停。最怕

你在餐馆里，在飞机上大哭，妈妈要不停地抱着你，走动着，一只手轻轻地拍打着你，让你安静下来。

你一岁时，爸爸去意大利开会，我们带你去欧洲旅行，妈妈肚里还怀着妹妹。你在飞机上几个小时哭个不停，后面座位上的一位老太太怎么也不能入睡，忍不住大喊起来："What's wrong with that baby? Could you stop from crying? "(那个小孩有什么毛病啊，能不能让他停止哭声)。

妈妈万分自责，又无可奈何，不断地从座位上站起来，摇晃着你睡觉，你终于在我怀里睡着了。妈妈的胳膊酸痛麻木了，可稍微动一下，你马上又醒了。后来妈妈就变得很怕出门旅行了。

那时我总是不清楚，你是身体不舒服？还是随时随地需要百分之百的注意力？抑或是因为你还没准备好到这个世界来"受苦"？

把你从小带大真不容易。在你七、八岁时，医生确诊你有严重的ADHD，不吃药，也许会影响你上学。我不怕你每天腾云驾雾，坐不住，就怕你每天闯祸，不知道你每天会做出什么事情来。

看着你一天一天长大，一年一年改变模样，也让我那颗总是为你提着的心得以安放。但是你总是在我毫无准备时不断地让我惊讶。

三月初，在你大学毕业前两个多月，一个星期五的晚上，已近半夜，我正准备休息，忽然在手机上收到你发来的短讯，问我如果你毕业后要去非洲一、两年，我会怎么想？

你的短讯让我一下子睡意全无。并非只是担心或者不愿让你去非洲，而是从来没有听你说起过，不知你脑子里在想什么，我很想在那个晚上弄明白。

"What's the purpose of your trip? "为什么突然想去非洲？我问。

"To see the world and to be a better person."“去看世界；成为更好的人。”你回答。

“你可以用一辈子的时间去看世界。为什么急着现在要去非洲看世界？

“想成为更好的人，在任何时候、任何地点你都可以有意识地做这个选择，努力使自己成为更好的人，不必到非洲去才能成为更好的人啊！”

我忽然像是回到了辨论队，急着向对手表达自己的论点，并相信我的逻辑合情合理，无懈可击。

“工作了就没有自由了，不能想去哪儿就去哪儿了。”你说。

我明白了，原来你也是向往自由自在的生活。你想去非洲看看，去体验生活。

“你可以给我买去非洲的机票吗？”你问。

我和你爸爸商量后，觉得你大学毕业后应该自己规划自己的未来，依靠自己的能力和意愿，去寻找自己的生活。爸妈不会继续把你当作未成年的孩子来抚养。

说实话，如果你有什么远大志向，爸爸妈妈会支持你。而我最怕的是你面对生活的困境，选择逃脱，选择捷径。终究你会发现人生没有捷径可走。

最后我说：“你想好了，毕业后的工作与生活，你自己做决定。你终将要选择一种自己喜欢的生活方式。”

孩子，尽量妈妈常常喋喋不休，很想把自己的生活经验告诉你，希望让你少走一些弯路，然而我心里非常清楚，父母的经验与认知都有着他们自身的局限，与你要面对的世界也许毫不相关。

妈妈虽然常常为你担心（也许是多余的），但是我知道你来自我，但不属于我。你应该为自己的梦想而生活；妈妈不需要你为我的梦想去生活，不需要靠你的荣誉为我增添光彩。

在大学的学习成绩让我骄傲，大三考GRE取得完美的成绩，正准备申请研究生院。暑假去台湾跟一位教授学习，在机场接你回家的路上，你对我说的第一句话是："我决定不上学了。希望马上毕业，去找工作。"

毕业前一个多月，你放弃了读研的计划，迫不及待地想去看看外面的世界。

你像是一条奔腾不息的河流，一直在流动着。你渴望自由的生活，没有任何形式可以约束你。

当你面对找工作时，第一次意识到需要向这个世界证明你自己，需要向雇主证明你的能力。物理本科的学习虽然为你今后的工作打下了坚实的基础，但是离实用的工业界，你准备得太少了。

看着你发出很多简历没人理睬，雇主面试后频频被拒，爸爸和我没有为你找关系，没有伸手帮忙，更没有帮你做任何决定。我们觉得这是你学习的好机会，是你人生的一堂必修课。在这些寻找中，面试中，你可以慢慢弄明白自己想做什么。毕竟你们有很多选择。

最后你在朋友的帮助下，找到了很好工作。对这些关心你，帮助你的人，无论是长辈，还是同龄人，你都要时时心存感激。

我相信在你散漫，难以预测的外表下有着一颗善良的心。

一次午餐，你突然问："这个世界上还是那么多人吃不上饭，不能解决温饱问题，为什么我们不先解决这个问题，而热衷于科学技术？"

爸爸回答："要解决世界上所有人的温饱，可不是一个简单的事情。相信有很多人在做这样的努力。如果你有这个志向，可以去了解，想想你能做点什么？这将是一项长期的艰巨的工作，在这个过程中你首先要解决自己的温饱问题，能够自食其力，才能继续你有意义的工作。"

"这个世界上有很多事情值得做，如果你能找到自己的热爱，那是非常幸运的事。"爸爸说。

“妈妈，你每天的工作有意义吗？”你问我。你知道爸爸热爱他的科研工作，却不知妈妈每天在什么。

“我觉得每天的工作无论大小，都是在帮助人，帮助客户解决他们的问题，应该说是有价值的。”我答。

“Have you made an impact in this world？”你为这个世界改变了什么？你追问。

面对你充满挑战的语气，我一时无语。很惭愧，妈妈为这个世界做的太少了。但是马上灵机一动，大笑着说：“起码我养育了两个想改变世界、造福人类的孩子！”全家大笑起来。

你问我，希望你成为什么样的人？

妈妈无法想象你今后会做什么，会成为什么的人，我也不愿给你贴上任何标签，因为你天天在改变，年年在成长。我知道你从来不会走别人安排的路。

儿子，我唯一希望的是，你能活出自己想要的模样！

希望你能过一种自己觉得有意义、有尊严的生活。希望你的人生有选择的自由，有无穷的可能。但是你要知道，一切都要靠努力，还要加上一点运气。

儿子，祝你生日快乐！祝愿你的每一天都充满了希望和快乐！

爱你的妈妈

2017年9月

第五章　感悟生活

浩瀚的宇宙，有多少未知的奥秘。
我们在黑暗中寻找光明，
在每一天的生活中感悟生命。

和你一起看星星

—— 远与近的对话

儿子喜欢看星星。他在大学一年级选了一门天文基础课，老师布置了作业要去天文台观察几颗星星，并做详细记录与说明。

先生查看了星座指南，选了一个晚上我们一同陪儿子去Foothill College 天文台看星星。这个天文台很小，但离家很近。

晚上九点钟两位天文系的教授用电脑把观察台上的望远镜调好，让大家可以从望远镜里观看星星。大约来了20多人，有年轻的父母抱着孩子来的，有学生带着笔记本来的；有中年人，也有老年人，都是天文爱好者。

我们看到的第一颗星离地球有二千三百光年的距离。这位老教授说，50亿年以后，根据核反应的推算我们的太阳就会是这个样子。我看着有点象是一颗燃烧得火红的煤球。

接着我们看到一对距离地球400光年的双星。两颗星星挨得很近，一颗发蓝，另一颗发黄。老教授说是因为这两颗恒星的表面温度不同，才会有不同的颜色。蓝色的温度高，黄色的温度相对较低。我看这两颗恒星相距那么近，担心它们会碰撞。老教授笑着说不会，因为它们在相互之间的万有引力作用下做稳定的环绕运行。我们看着它们之间好像紧挨着。其实它们之间相距20亿英里。天啊，天文学的数字（远与近）与咱们日常的数字完全不是一个概念！

我们看到的第三颗星是一个被称为M13的星团。它距离地球有二万五千光年，大约由数十万颗恒星聚在一起而形成一个球状星团。这属于离地球比较远的星团了。

从迦利略时代到现在，据说人们已经对几亿颗星星进行了观察，记录与命名。有些天文观察者一辈子只追踪几颗星。随着现代科学技术的发展与电脑的广泛运用，人们对星星的观察、追踪和记录已经变得非常容易了。

科学的发展，天文已经走出了传统的观察星星的时代。学科之间彼此的渗透，跨领域的科学家们与最前沿的天文学家都在研究一个问题，那就是研究宇宙的起源，宇宙的奥秘。

面对着浩瀚的宇宙，几万光年的时空，我觉得个体生命是如此渺小与卑微，小到可以忽略不计。先生说，不，我们每个人，每个生命都会在这个世界留下痕迹，无论是大，还是小。

回到家，夜已深。儿子兴致勃勃开始做他的作业。我的脑子里还是想着夜空中的星星，那么遥远，那么神秘。最远的星星在哪里？我问先生，无限远，有多远？我想象着世上有多少未知的奥秘。

忽然看到手机上，大学好友芸儿刚把我拉入老同学微信群，试发了一句问候，马上收到好多久未谋面的老同学的信息，还看到他们的照片，还能听到他们的声音。他们正在地球的另一端。

刚才我还在看着那些离我们几千光年，甚至二万五千光年那么远的星星，现在又可以在微信上这么近距离地感知我在中国的老同学们正在做什么。虽然他们在地球的另一端，我们不常相见，但是与他们的距离是不需要用光年来计算的。我在想什么是远？什么是近？远近的距离到底是什么？

忽然觉得人与人的距离有多远，有多近，只是心的距离。远与近，只在一念之间！有些人离我们很近，却感到陌生而遥远；有些人离我们很远，却感到离我们很近，仿佛就在身边，就在眼前。

2016年1月

引力波，黑洞的婚礼

科学家首次探测到引力波，先生和他的朋友在公布结果前知道了消息，多年的悬念终于落地了。美国路易斯安娜州立大学的Bill Hamilton 教授曾鼓动先生和他一起参与引力波的探测工作，后来先生参与了 斯坦福GPB验证广义相对论的另一个实验。

引力波实验最早由斯坦福大学教授Bill Fairbank在1966年提出，他也是斯坦福GPB的创始人。引力波很微弱，当时没有人敢测，认为不可能测到。当时Hamilton是Fairbank的博士研究生，毕业论文就是研究探测引力波，后来Hamilton教授成为了引力波探测领域的先驱与开拓者。

上周的新闻发布会后，先生兴致勃勃不断地对我这个科盲解释何为引力波，可我怎么也听不懂。他用图解及各种比喻形象地解释，我才感性而朦胧地明白了一点概念。

世人都知道爱因斯坦提出的广义相对论概念，从事该领域研究的人都知道是一位叫Marcel Grossman的数学家推导出了广义相对论的公式。此公式推论之一，只要有质量的运动就会产生引力波。引力波会引起时空的伸缩、影响时空的结构。

我们身边的引力波，使人在空间变长变短，变胖变瘦，但是自己不会察觉到变化。因为在引力波中，人的身高的变化不到十万亿亿分之一米。与电磁波不同，引力波在宇宙中的传播不会受到任何阻挡，但是它非常微弱，难以测到。

在广义相对论中，引力可以用时空弯曲来解释。广义相对论描述了时空是如何被引力波拉伸以及压缩，时空是如何弯曲，也描述了物体是如何在弯曲的时空中运动的。先生参与的斯坦福GPB实验就验证了地球周围因为引力引起的空间弯曲是与广义相对论一致的。

众多物理学家都曾努力寻找引力波存在的证据。科学家Hulse和Taylor所领导的科研团队曾间接地证明了引力波的存在。他们从1975年开始观测数据，十几年间观察两个中子星相对运动时发射的电磁波，每转一圈看能量的消耗，频率的高低，然后通过计算间接地证明了引力波的存在。

这次是科学家第一次直接探测到引力波，测到了13亿光年前两个黑洞撞击合成一个黑洞时发出的引力波。

我早听说过“黑洞” (black hole) 一词，今天才弄明白什么是”黑洞”，它是指质量很大、密度很高的星星。星星质量越大，引力就越大；引力越大空间就越弯曲，这些星星质量大到空间弯曲成圆形，所以看不见光，科学家称之为“黑洞”。

这次科学家直接测到黑洞撞击产生的引力波，空间的长度振荡，一秒钟可振几十次至几百次。两个黑洞的剧烈撞击释放出相当于三个太阳的能量，如同一千亿亿亿个原子弹的威力。那两个黑洞的撞击与结合是多么壮观的景象啊！我想象着引力波是那场壮观婚姻上的隆重礼炮。

证实引力波确实存在，将增进人类对宇宙的认识。随着科学的发展、精密仪器技术的不断提高与广泛应用，可以预见在不远的将来科学家将更细致、更多方位地探测与研究引力波的作用和对我们的影响。

先生多年从事基础物理的研究，朋友们常问有什么应用（实用）价值。他总是微笑着说，搞基础理论的研究是不考虑实用价值的，但是它满足人类寻求真理，探索未知的好奇心。先生八十年代初刚到美国读书时，Bill Hamilton 教授曾经对他说，“只要有兴趣的事，就有它存在的意义。”

我们的眼睛能看到的只是非常有限的，还有多少未知的世界等待着我们去探索。人类真是神奇，想象力与创造力无限，人类对未知的探索也永远不会停止。

我问先生如果有物质的运动就有引力波，那么人类的心灵活动、情感、爱情是否也有引力波？他说，那主要是电磁波，科学家还不能测到人的情感是否有引力波，但是文学家可以尽情去描述那电波、磁波还有爱的引力波，只要你相信它的存在。我说，我相信。

2016年2月

等待还是现在

—— 妈妈学画记

妈妈是一份没有固定钟点的全职工作，无法辞职，没有工资，而且永远不会下岗。无论你的额外工作是什么，当妈妈足够让你忙上十八年，　很多中国妈妈为了孩子操劳一辈子。生儿育女，为了孩子和工作而忙碌着，那么妈妈的梦想，是否还有机会去实现呢？

去年四月初春，我们三位妈妈去参加一个社区的活动。开车回家的路上，一位妈妈说退休后很想学画画。没想到她的话象是触碰了我们什么神经，三人不约而同、兴致勃勃地谈起学画。

车窗外的景致从眼前快速闪过，甩到身后，像是流逝的时光行色匆匆。我们总在忙着赶路，还要等待多久才能开始做自己喜欢的事情。

“我们现在开始好吗？”我脱口而出，于是我们约好一起学画，我去找老师。

得知我们居住的Palo Alto有位陈保平老师，他开设成年绘画班，只要有几个固定的学生就可以开班。陈老师是旧金山艺术学院的教授，业余时间也教其他学生，包括孩子与成年人。可是妈妈们忙于孩子，工作还有社区事务，固定的时间学画并不容易。

几经周折，我们五位妈妈终于走到了一起，开始了我们的学画之旅。

起初我们只知道自己喜欢，想学画画，但是不知道为什么喜欢，不知道应该怎么学，也不知道能学到什么。但是这个既朦胧又很真切的喜欢，给我们带来一种莫名的期待和冲动。

陈老师的课从印象派讲起。大家觉得古典画那么美，不经过严格的训练是绝对画不出来的。可是印象派的画却不同，看似没有任何章法，笔触未经修饰，不追求形似逼真，有的像是大块涂鸦，是不是谁都可以随心所欲画几张，一不小心就能成为大师了呢？

陈老师从容不迫慢慢道来，告诉我们印象派画家改变了人们的观念与文化。古典画追求写实形似，一般以宗教题材为主要内容，唯美，但看不到画家自己的个性。印象派开始建立了新的概念，开始研究光影，冷暖，捕捉时间的变化，注重那一瞬间的色彩与情感表达，往往不求细节，追求画家自己的个性表达。他们把生活中平凡的事物与普通人做为绘图描绘的对象，使艺术与我们的生活开始息息相关。

了解了印象画派的审美特征与历史意义，姐妹们真有一种豁然开朗之感。

陈老师说，成年人学画，要把提高审美放在前面，应该"眼高手低"，先学会欣赏，再提高绘画的技巧。他告诉我们，成年人的生活经历与情感积累是学画的长处，学画不受年龄的限制。这给了我们巨大的鼓励。

我们一边了解艺术史，一边开始练习最基本的素描，开始欣赏印象派的画。老师布置的作业，从印象派不同的画中观看时间的变化，光影的变化，试图去理解画家要表达什么情感。这时我们看画开始有了新的视角，开始注意色彩，构图，地平线，画面的要点。

因为绘画并非一日之功，陈老师让我们从照像中体会构图及绘画的基本要素。我们开始观察树叶的颜色在不同时段的太阳光的照射下发生的变化。学习了构图的重要性与构图的要素，照像时就开始有意识地寻找水平线，考虑要表达什么再取景，要注意表现透视，节奏感，要有层次，注意明暗的对比。第一次体会到西洋绘画与中国国画的写意不同，它有非常理性的基础。

老师一边教绘画技巧，一边启发我们如何欣赏画。不同的时代，追求不同的审美标准。不同的时代有着不可替代的美感。而艺术的最高境界是表达个性与人类的情感。老师告诉我们，绘画具有丰富的文化与精神内涵，要寻找自然的诗意。艺术是非常纯的东西，像一个过滤器，去掉杂质，让纯的，美的东西留下来。

每周一次的画画课成为姐妹们一周中最开心、最期盼的一天。有的妈妈需要提前给孩子做好晚饭来上课，有时需要安排先生或其他朋友接送孩子晚上的活动。我常常匆匆忙忙下班赶来上课。无论多忙，无论大风暴雨，姐妹们都不舍得缺课，觉得每周我们能在一起学画是一种幸福，是一种近似奢侈的享受。

老师讲课，评论作业，示范，同学们在课堂上练习，提问，然后回家后继续完成教学的内容与作业。在这两个小时里，我们忘记了白天的忙碌与疲劳，忘记了烦心劳神的一切琐事，姐妹们总是兴致勃勃，七嘴八舌，急着分享一周的所得。

有的姐妹理性，善思考；有的姐妹感性，感觉好；有的习惯在动手中学习；有的要想明白为什么才动手。林妹妹基础好，悟性强，勤思考，大家任命她为“助教”，她时常帮助老师课后答疑，辅导作业。因为我组织张罗画画课，同学们任命我当“班长”，其他三位灵性姐妹为“学习委员”。

我们学画的分享，课上课外每天不断，彼此的鼓励与欣赏，总是充满了正能量。有时我们约上一起去看画展，讨论作品；有时周末在咖啡馆聚会一起讨论作业，学画心得。

晚上孩子家人睡了，开始练习素描。简单的几何图形看似容易，自己动手画就觉得不那么容易了。是否经过专业训练，从线条的走向，线头是否带钩，明暗的连接是否自然顺畅，便能一目了然。素描是一切绘画艺术的基础。

夜深人静，独自坐在灯光下，打开素描练习本，心便自然当安静下来，好像整个世界也安静了下来。

这时只是专注于手下的每一笔，每一根线条。在一笔一划中，分明暗块面，从局部寻找整体的关系，在不断的对比与调整中，使画面的物体逐渐显现，逐渐丰富起来。虽然感到心手之间的距离，不能一下子达到期待的目标，但是非常享受这份安静的时光。每一次练习后都会画得更好一点。

一年多的学画，每个姐妹都感到我们的眼睛改变了。我们会为天上的云彩的颜色和形状而感动，会关注街道的景致，日出日落的壮观，院子里树叶的形状，女儿的头发，先生的肩膀，父母的背影，这些都成为我们画画的内容。

我们看到了许多过去看不见的东西，看到了周围到处可见的美丽。开始没有任何绘画基础，现在能画出简单的素描，水彩和油画。有临摹，也有创作，时常惊喜连连。

大津画女儿的背影与辫子，简洁的线条表现出感人的母爱；凯瑟琳的水彩花瓣中，我们闻到了花香的味道；劲松时常有创意独特的表达，最近她为颜色着迷，连做梦都会梦到颜色。　林妹妹初学时注重理性技巧，现在开始寻找自我的表达，笔从紧到松，变得自由流畅，朋友们都称赞她象个专业画家了。我在素描与油画之间，寻找着它们的语言。

在这样安静的夜晚，忽然明白为什么喜欢画画。画画给予了我们一个独处的空间，在练习画画时，一笔一划之间，仿佛通过我们眼前看到的物体形状，寻找着我们想象中的形状与情感中想要表达的东西。

绘画是另一种语言，画笔下的世界，如同我们的生活一样，有着无限的可能。我们在线条与颜色中寻找着生活的喻意，如同修行。仿佛看到了那个迷失的自己，寻找着那个本真的我。

学画最大的收获是我们更加快乐了，感到生活的美好，更加珍惜我们所拥有的一切。忙碌的妈妈们，如果你的心中也和我们一样怀着某种期待与梦想，那就不要再等待了，任何时候都可以开始，而现在是最好的时候！

也许当妈妈自己活出了快乐与丰富，才能给孩子、家人带来快乐与安宁。我相信。当妈妈的生命与灵魂不断成长而变得日益丰盛，才能更好地陪伴孩子与家人。

2015年12月

当艺术成为救赎时

八月，陈保平老师告诉我们，挪威籍的印象派大师爱德华·蒙克（Edvard Munch）在旧金山现代艺术博物馆有一个画展，非常值得去看。大家一致响应，一个星期六，陈老师带我们成年画画班的几个同学一起去旧金山看蒙克的画展。

蒙克并不是我们熟悉的艺术家。他的作品，除了《呐喊》外，我几乎没有什么印象，也不曾关注过他的作品。

大家到博物馆前集合，开始欣赏画展前，陈老师先给我们介绍了这位艺术家作品的基本特征。

蒙克多以生命、死亡、恋爱、恐怖和寂寞等为题材，用对比强烈的线条、色块、简洁概括夸张的造型，抒发自己的感受和情绪；他的画风是德国和中欧的表现主义手法的前奏。

比起色彩鲜艳的马蒂斯（Matisse），蒙克是个典型的“忧郁症”画家。他的绘画带有强烈的主观性和悲伤压抑的情调。他对心理苦闷的、强烈的、呼唤式的处理手法，让人站在他的原作面前，忘记了去看他的绘画技巧，却被他要表达的强烈情绪所感动，让人身临其境。

他基本上用红、蓝、绿的纯色，却极为低调，画面上常常留下长长的、粗旷的笔触。灰暗的蓝色中有着无比丰富多样的色彩变化，不在原画前是难以感受到的，给人一种压抑，强烈的情感冲出力。

看画展前，先了解了一下艺术家的生平和他所处的时代，这对了解他的作品很有帮助。

蒙克幼年丧母，父亲患有精神疾病，在蒙克青年期去世，另一个兄弟和蒙克最喜欢的姐姐苏菲也先后去世。蒙克的一个妹妹在小时候就被诊断出患有精神病，蒙克自己也是体弱多病。在五个兄弟姐妹中，只有一个兄弟结过婚，但婚后没过数月也过世了。眼见双亲和兄弟姐妹接二连三地死去，严重打击了蒙克的精神与情绪，接踵而至的悲伤对他是深度的精神折磨。因此，死亡烙印在他年轻而敏感的心灵深处，这大概就是为什么蒙克的作品呈现压抑且悲观的原因。

蒙克在晚年说道:“病魔、疯狂和死亡是围绕我摇篮的天使，且持续地伴随我一生。”

在博物馆的每个展厅陈列的作品都是相近的题材，也许因为蒙克的画很容易分类，他的画展作品可分几类：自画像，生死，爱与忌妒，呐喊系列等。

蒙克所画的人物，如同舞台剧的各个角色，很像是每种特定的姿势代表一种特定情绪，类似于某种身体语言。由于蒙克所画的人物都承担着表现一种特定心理状态的使命，所以他创造的男人和女人不是现实的。

蒙克宣称，印象派并不适合于他的艺术。他对描写现实的任意一个断面也不感兴趣，他要描写的是那种充满了情绪内涵的，且具有巨大的传神力的状态。为了达到这个目的，蒙克殚精竭虑地构思，他的作品创造了紧张气氛。

画展的第一、第二个展厅呈现的是爱恨嫉妒，死亡的主题，人的脸看得都像是鬼怪一样，脸部没有任何细节，画面象是大块涂鸦，背景常是红、黑、蓝、绿色。

走进中间的一个展厅，看见墙上左边掛着一幅画。一下子被它的情景和气氛所打动。

黑色的房间里，一人孤独地坐在窗口，看着窗外的景色。屋里的人没有开灯。窗外是明亮的夜景，月光射入窗户，照在房间的地上。

如果你是那个独坐的人，那一刻，你会感到与世隔绝的孤独和寂寞吗？还是会由衷地赞叹窗外的景色，并感到内心深处的感动？

不同的人，不同的心情，会看到不同的东西，而引起强烈的共鸣。也许艺术的魅力就在这里吧？

老师让我们注意蒙克有两张同样主题、同样构图的油画，题目为《病中的女孩》，绘画时间相隔了11年，绘画的风格却非常不同。

第一张更近古典风格，或者说是印象派初期的风格；后一张是印象派后期的作品。色彩鲜明，笔触更加粗旷，更表达画家的个性和情感。

在这些重复的画面里，我们可以看到画家的精神世界，情感世界。《病中的女孩》生活场景，很可能是画家难以忘怀的，他最心爱的姐姐在病床上的情景。很多不断重复的画面带有画家强烈的自传成份和叙事痕迹。

蒙克的一生重复很多同样的绘画主题，但风格各异，他曾多次改变艺术风格。从自然派，到半印象派，到树立具有个人特色的综合派原始画风（比如《忧郁》），在此色彩成为一种象征，亦是种具有承载功能的元素（比方说《呐喊》）。蒙克倾向选择景深较浅的作画空间，他经常把画中的人物安置在前台。

蒙克一直想表现人物的内心的心理状态，出现在他画中的人物呈现了最能表现这种状态的姿势（见《灰烬》），这种安排让蒙克的画带来一种好像人物、空气、记忆、动作和时间在一霎刹那间凝固的感觉，那也许正是人物内心活动达到顶峰的一瞬间。

老师在一幅少女肖像画前停下脚步，他告诉我们蒙克作品的另一个特征，他不追求完整，很多作品看上去像是尚未完成似的。老师让我们观察这幅少女像，像似一张草图，只是简单地构画了少女身体的线条，头发的线条。她的手，胳膊都没有完成，背景几乎是空白，只是底色。但是这已经表现出了一种气氛，表现了作者心目中的少女那一瞬间的形象，有一种旋律之美，迷人之美。如果再加上任何东西也可能都会破坏了这种感觉，所以对于蒙克来说这已经足够了，这幅作品已经完成了，不需要再增添什么。

瑞典作者卡尔·奥维·克纳斯加德（Karl Ove Knausgaard）在蒙克的画册"前言"中写道：画是无声无语的，它们沉默不言。它们由颜色和形状组成，它们以另一种形式触动我们。我们感觉到的东西，超过语言可以表达的范围，艺术可以到达语言无法到达的地方，它们把我们带到另一个地方。

蒙克在他生命的尽头说过："艺术是我的自白。"相信任何人看过蒙克的画都会理解这个说法。艺术是他的自白，更是他的救赎。

从小体弱多病的蒙克活到八十岁，他在生命的最后30年过着与世隔绝的生活。他没有家庭，没有孩子，只是年轻时候有过几次不顺的恋爱。他没有妻子，没有情人，几乎没有朋友，他唯一做的事就是画画！绘画的材料是他的伴儿，是他的手足，是他的工具，也是他倾诉的对象。画画是他生活的全部，他沉浸在其中，艺术成了他生活的唯一救赎。忧郁的时候可以画画；悲伤的时候可以画画；发疯的时候可以画画。一句话，只要活着就可以继续画画。

站在蒙克的作品前，我又一次强烈地意识到，艺术不仅仅可以捕捉美感，给人带来赏心悦目的艺术享受。它还可以表达各种情感，表达各种生命体验。艺术家们，包括我们这些初学画的人，寻找和追求的都是一种表达自己情感的语言。

在蒙克作品前，我们被他的作品所感动。我们感受到他的苦闷，悲伤，压抑和呼唤。在他的作品前， 我们与他相遇。

2017年10月

恐惧的体验

这年冬天，终于有机会来到美丽的海南岛。

在海南的槟榔谷体验黎苗文化，令我流连忘返。没想到，那天最后一个项目是乘坐高空滑索。导游说除了12岁以下，60岁以上的游客，除了1.8米以上，180斤以上的"重量级"人物，欢迎其他游客过一把"空中飞人"的瘾，你在感受速度和激情的同时，还可以在高空中欣赏山谷下秀丽的景色，那里有上万颗槟榔树。

论年龄、身高、体重，我绝对不在"高危"人群中，但是从小到大总是伴随着恐高症，从未尝试过"高空作业"，站在高处，我的腿会发软，人会发晕而失去平衡。

我一边随导游的指引往前走，一边在心中暗自思忖，今天该不该试一试？心中颇有一点壮士断臂的悲壮，眼前又清晰地闪过十几年前的情形。

有位美国朋友住在加州Santa Cruz山里，约我们去他家过周末。他的家座落在一个山谷里，拥有上百英亩的土地。山谷的两边各有几颗大树，下面是一条溪水潺潺的小河，那是从山上流下来的泉水。

这位朋友利用一边高，一边低的地势和两棵大树自制了简易的高空滑索，让大家体验“空中飞越”。

看着一个个老美同事“嗖嗖”地从山坡的一边滑到另一边，还时不时发出刺激过隐的尖叫声，我非常想尝试。

可是站到高坡上的那棵大树下，往下一看，我立即心跳加速，头发晕，脚发软。眼前是个小山谷，脚下是很深的“悬崖”，下面是条河，应该有好几十米高，两岸有一、两百米宽。如果我掉下去，一定会摔得粉身碎骨！万一滑行时绳子断了，万一到了半空滑轮停了，万一半途中我的手没力气抓住绳子（承受不了身体之重），那都将坠入山谷，不得生还。

我真的很想体验一下“高空飞越”，象周围那些毫不费劲的老美朋友一样也来一次“空中穿越”，于是我一次次走到高坡的那颗大树下跃跃欲试，又一次次地退了下去。

我完全不能确定自己是否有体力抓住那根滑轮，让身体从一头滑到另一头。恐惧紧紧地抓住了我，不敢“跳下去”。尽管我的朋友在一次次“穿越”中一直在喊：“试试，你会很高兴你试过。”Try! You will be happy you did it！

我害怕坠落深渊，对自己的力量没有信心，对系在两颗大树上把我们从此岸送到彼岸的绳索没有信心，还有许多莫名的恐惧，对眼前这场“穿越”充满了不确定的恐惧。求生的本能让我不敢迈出最后一步。

回家的路上，朋友们都嘲笑我胆小，事后我也感到好遗憾。

十几年后的今天，我又一次来到高空索道。今天我又一次欲欲试试，心里想着，今日不去，更待何时？NOW OR NEVER！

我还没有反应过来，就已经跟着其他游客走上了乘坐索道的站台。工作人员把高空滑索安全带一人一套发给我们，他一边打开，一边让我们双脚插入腿环，像穿短裤一样穿上。腿环上面连着腰带，腰带上面是铁链扣环，穿着走路有些沉重，需要手提着腰带和上面的铁链扣环，好在排队转过弯就是四排滑索道。

索道看上去很高，下面是一片翠绿葱葱的树林，两端几百米长。每一条道前都有一个工作人员，不慌不忙、从容不迫地迎接着最前面的游客，帮助他们把身上的铁链扣环掛到索道上面的掛钩上，然后让游客往前走到索道山崖边“坐下”（实际上也可以叫作“跳下去！”）。

在山崖滑索道口，工作人员用手送一下，游客坐下（“跳下”）便可借滑索的地势，从一端滑向另一端。速度很快，只听到咔嚓的机械声音，看着一个个游客凌空而起，飞跃而过，对岸的工作人员接住，然后解开游客身上安全带上面的环扣，扶人下索道。

在短短的几分钟，我似乎在心里经历了一生的扎挣和对死亡的恐惧，生理的，心理的；理性的，非理性的。

马上要轮到我了，我想找个借口退下，但身体里有另一个我不肯罢休，一心想“飞越”，那怕会葬身于这片绿色树林中。看着一个个游客有序地往前走，心想这回没有选择了，那就往前走吧，不要往两边看，更不要往下看那万壑深渊。

那一瞬，我闪过一个念头，我已经准备好了，甚至在心中向这个世界做了最后的道别。

轮到我前面的女孩了，她走上索道口，我的脚步跟上，现在已经站在队伍第一个了，等待着下一个就是我。工作人员正准备为前面的女孩上掛环扣，她突然说：“我害怕！”然后挣脱着收回安全带，她站到了右边，不动了。

我一时惊讶，原来也有别人害怕。我走到索道口，腿开始发软，整个身体发软，心脏快速地跳动，像是要跳出胸膛一般。再往下一看，我的妈啊，那么深的山谷，曾经听说过滑索事故，万一？我也站到了右边，不敢上去。

后面的游客快速跟上，滑了过去。我和前面的女孩四目相对，我们好像想从对方的眼睛中找到答案，是上，还是下？

我回顾四周，仔细地看了一下索道的装置，看着工作人员把另一个游客的两个环扣掛上铁索，理论上这样的铁链笔无疑问应该可以承受我这一百斤的体重，而且借地势从高到低，应该是阻力、重力很小的。

这时索道后面已经没有人了，我们这批游客开始下山了。我前面的那个女孩忽然决定选择上我们左边紧挨着那条索道，不知是更快还是更慢的道？她和我互相交换了一个眼色：别犹豫了，到时候了！

她终于走上了左边的索道，工作人员帮她扣上了环扣，扶正她。“坐好，走！”

我又闪过一念，Now or never！ 然后走向索道。抬头看着工作人员“咔嚓”一声，把我安全带右边的环扣掛在索道上，然后把左边的环扣掛上。

这时已经没有退路了，我走到“悬崖”边上，心一横，眼一闭，坐在安全带的垫子上，任人一推，便滑出了地面，身体腾空而起，随滑索自然地向前滑行。

我来不得及梳理自己的紧张和恐惧，也不敢四处张望，更不敢看下面的风景，只是双手紧握着安全带，眼睛紧紧的盯着最前方的目的地。

仿佛置身于一片绿色世界，清风拂面，身体轻盈飘逸，滑过了一片开阔的绿草地，我已经到了山顶的另一端。一股撞击力，让我双脚弹回，一位工作人员接住了我，帮我解下环扣，扶我走下滑索。

在很短的时间内，还没来得及真正体验“飞行”的感觉，就已经到岸了！

站起来那一刻，所有的恐惧都被甩到了身后。走下索道前，再次回首，忍不住想笑自己内心所经历的这场浩劫，像是一场生死之战。这十几年的期待，终于今天得以实现。

我并非鼓励患“恐高症”的人去坐高空滑索，而是想追问，在我们潜意识中是否有许多莫名的恐惧，而导致我们不敢往前走。也许求生的本能，可以帮助我们躲过一些不测，但是我们所有的“恐惧”中，又有多少是理性的“恐惧”？又有多少是莫名其妙虚构的恐惧？怎样才能清除、放下这些恐惧。也许往前走一步，人生就是另一番景象。

我们到底恐惧什么？如果连死都不怕，那活着还怕什么？

2017年1月

瑜伽课

—— 身心灵一体的练习

瑜伽，第一次听到这个词感到既陌生又神秘，但不知其意。那时刚来北美，听说有位同学在练瑜伽，手撑地就可以倒立，腿可以柔软地绕到脖子后，于是我以为瑜伽象体操，芭蕾，肯定不是我所能做的事。

三年前，公司为员工开设了瑜伽课，有一位常与我一起走路爬山的美国女友约我同往。她当过兵，爱好运动，但绝对没有练体操，或者跳芭蕾的身材，于是我们结伴开始上课，每周一次。

中午休息的时间去上瑜伽课，可以让每天久坐的身体稍微多一点活动，也是为了强迫自己在中午的间隙能远离电脑和工作。

我们的老师是位德国后裔，长得很漂亮，身材窈窕，五官分明，她曾是舞蹈演员。

上课的时间到了，我们席地而坐。随着优美的音乐响起，老师坐在我们对面，双手合掌，闭上眼睛，开始让我们和她一起深呼吸。一呼一吸，有意识地呼气，吸气。然后从头部转动开始放松，肩与背开始放松，随着老师的指引，让肢体从上而下地放松，每个动作都伴随着呼气与吸气。老师的姿势与气质十分优雅，动静之间，伴随着音乐；呼吸之中，传递着禅意，平衡与协调之美。

随后开始练习拉筋与平衡，便感到动作的难度了。无论是身体的柔软度与力度都不够，平衡也差，单脚站立，难以站稳。老师告诉我们，她的瑜伽课主要是为了练习放松和平衡。

上了半年的课，几乎没有缺席过，开始喜欢上瑜伽了，不料公司里的课被取消了。师妹 JS 多次推荐她的老师，她说Palo Alto Samyama瑜伽中心的Mr. Shastri是位大师。于是我便想去试试，并不只是慕名，总觉得好老师可以传授正确的方法，可以给学生带到更高的境界。带着这种期待，周三晚来到Samyama瑜伽馆。

这个瑜伽馆建筑很现代，颇有些惮意，让人感到非常舒适。第一节课是免费的。

来到教室时，几位学员已经早早到了，在地板上铺好了瑜伽垫子，有的在打坐，有的在做一些暖身活动。我在靠门口的位置铺开垫子坐下，等待上课。

学员们陆续到来，静静地坐在自己的垫子上等待。上课的时间到了，老师还没出现。过了好一会儿，还是不见老师的踪影，我便开始不停地看表。周围的学员不急不燥。我心想老师还没来，他是有意识地晚点到，让大家可以静下来准备好上课，还是他有事晚到了。这时我意识到了自己的精神状态，过于急燥，便马上让自己坐正，调整吸呼，闭上眼睛，开始静坐。

坐了一会儿，感到身后一阵微风，接着听到轻盈的脚步声，老师来了！他进门走过我的身边，身上带着一股淡淡的薰香。他的吸呼深重，感到他的肺象个大风箱。他的步伐有力，身体轻盈，健步走到教室前面，没有任何开场白，就开始让大家坐直，做了几个伸肢的动作，很快站起来，开始练习。

第一个动作，他示范了一下。站直，胯部不动，让上身平板一样弯下，保持脊梁平直。老师的身体极为柔软，几乎可以让上身平行贴近双腿。这是个练芭蕾的基本动作。

我的身体有点僵硬，不能平直地弯下太多，也不想太用力。我在期待着练习中有些音乐，有点引导，但只有呼气，吸气，上下，左右，等简单的指令。他练习的动作看似都很简单，但是做到家，需要有足够的力度和柔度。练习每一个动作，他有意识地慢慢地从一数到十。我急迫地在心中快速地数到十，老师才数到一半，我已经感到腿脚胳膊酸痛了。有很多动作都不能完成，大多动作做不到位。

只是简单的伸展动作与拉筋，我开始感得有点无聊。以前的老师很唯美，她示范动作很美，从头到尾都有很美的音乐。有一些动作，她赋于了我们积极的意义。甩手时，让我们甩掉多余与无用的东西。合掌回到胸口，让我们bring all the good things to life。每节课都很期待，从未感到无聊过。

一个半小时的课结束了，这课与我想象的不同。师妹过来询问感觉。我还在脑子里打转。想继续上，又怕不适合自己，怕无聊难坚持。

这时想起了几年前上打坐课（meditation）时， 脑子里总会有很多随意，杂乱无章，不着边际的思绪，不能达到安静状态。初级班，师傅会给我们放音乐，会教我们一些方法。

打坐的时候，当脑子里出现很多杂念时，师傅让我们想象它们是蓝天下飘过的一朵朵白云，不要去抓住它，不要去追它，让它自由地来，自由地去，看白云飘过天空。当你被一种强烈的情绪抓住，包括阵痛，想象它们如同海边的大浪。海浪有起有伏，不要去追，不要去抓住它，观看浪花的起伏，可以跟着它的节奏随浪起舞。呼吸之间可以数数字，让自己安静下来。

经过一段时间的练习，打坐时能自然安静下来。师傅说，这时你们已经不需要音乐，不需要任何指引了。

想到这，忽然明白为什么老师教我们打坐时不用音乐，不追求有形的东西了。看来用音乐很唯美的课程只适合我们这些初学者。最好的东西往往是最简单的，最简单的东西往往是最高的境界。

我余兴未尽，想问个明白。这时其他学员都走了，老师笑咪咪地走出教室。我问他的课为何不放音乐。他说要我们专注于动作，而不是外面的声音。

我问，这课的最终目标和要求是什么。

他不加思索地说：“Be Happy”。

此时此刻，他让我第一次感到，瑜伽是一种身心灵一体的练习。

瑜伽练习呼吸，放松，平衡，柔软与肌肉，看似是身体的锻炼与运动，但是它的练习中处处体现了正念，平衡，毅力与意志的练习。我也曾体会到身体的疲倦往往会带来灵魂的疲倦。而这位老师的课是为了让人快乐。瑜伽的练习真是让人感到身心灵是互相关联的，互为一体的。

我开始上 Mr. Shastri 的瑜伽课，去听他的专题讲座。

在一次讲座上，老师说，我们的身体如同交通工具，如同庙堂，居所。它是我们灵魂的临时居所。我们居住在身体里，我们要爱惜自己的身体，但是我们不能受身体之限，精神与灵魂会超越我们的身体。

老师说在生活中我们有很多角色，打坐的时候是完全独处的时间，想想“我是谁？”这个问题。打坐时要寻找那个本真的我。然后让自己带着清纯的心灵与目光，关注并生活在当下。

问自己，你是谁？寻找本真的我和真理。这如同佛法告诫我们人人有佛性一样，他的课充满了东方智慧。

我发现老师的瑜伽课开始与结束都有打坐的因素，我甚至觉得他的瑜伽课是运动中的打坐，让身体坐正，站直，拉筋等动作，都是让身体回到本来的位置，让正念，正体与自己一体。从此我坐着，站着都有意识地注意到身体的姿势。感到身体端正了，精神意志也变得端正，而不散漫。

无论是精神饱满，还是神情疲倦，周三坚持去上瑜伽课，练完总是感到全身轻盈与放松。有时我们体验了身体的极限。最后五分钟躺在地板上放松，十分钟剧烈运动后躺下，头垫着毯子，很放松。老师让我们握紧拳头，全身收紧，肌肉紧绷，然后 Let it go。让肌肉放松，让紧张放下。

我们已经很熟悉他所说的 Let it go，也明白它的含义。瑜伽练习常常提醒自己，活在当下，Let it go。 我想当我们做不到，或不愿意这样做时，也许有时是出于习惯，有时是出于恐惧，更多的也许是因为不舍。然后我们知道想要获得真正的心灵自由，就必须活在当下。

每次上完瑜伽课总是感到全身轻盈，精神愉悦。想起曾经读到的一篇文章说到"每次练习的过程中，心灵和身体相应一体的轻盈总会如约而至。"正如那位瑜伽老师所说的那样："瑜伽像生活的隐喻，一个困难的动作让你觉得无法呼吸，但是你需要保持呼吸，然后当你专注呼吸，肌肉拉伸的酸痛和力量的缺乏，还有那种想要结束的焦虑，随之神奇地转化为可以接受，甚至可以享受。"

生命在呼吸之间，在暂短的个体生命中我们寻找着今生今世的意义，也寻找着超越我们自身生命的价值。我们的身体如同交通工具，如同庙堂，居所，它是我们灵魂的临时居所。幸运这些瑜伽课，带给我身心灵一体的练习，让我懂得如何安放自己，并让自己快乐许多。

2016年2月

孩子都健康吗

我一瘸一拐地走进中医诊所。右脚韧带扭伤一个多月了，行动不便。这周开始一边到西医诊所做复健理疗，一边到中医诊所针灸推拿。当脚疼痛得不能走路时，才感到两条腿是如此重要！我们每天，每时每刻都离不开它。

不久前眼睛感染，一时看东西模糊，生怕眼睛受损。我对医生说：眼睛是身体中最宝贵的，我宁可用一条腿来换我的眼睛。

没想到几周后便摔倒扭伤了脚。真是后悔眼疾时说过的话。我的腿一定听到后心生怨恨了，所以才要让我品尝一下"失去一条腿"的滋味。

躺在诊所的床上，中医师把我的脚放在红外灯下照暖，然后开始针灸。下针时像是电流击打了一下，触痛中感到一阵反射性的麻和热，象是电流从针尖沿经脉传递开。我知道是扎到穴位上了，心里暗暗祈祷神速恢复，恨不能马上能健步如飞。

半小时针灸后，医生起针，酸麻热的感觉还一直留在脚和腿上。

推拿师Kay开始给我做按摩理疗，她的手艺极高，熟悉经络，她按到哪里，我都感到很痛。

“痛就是不通。”Kay一边推、按、拉，一边给我解释这是什么穴位，什么经络，对身体起什么作用。

我知道按到痛处就一定有效，一边“忍受”着带有快感的痛，一边跟她聊起家常来转移注意力。

刚知道Kay的大女儿收到了加州理工学院的大学录取通知书，真为她高兴！

这份惊喜与称赞远远超出了当我得知身边朋友的孩子考上名校的程度，因为我知道，这是多么来之不易！

Kay的先生在十几年前的一次车祸中头部受重伤，终身残疾。在她的精心护理下先生恢复了肢体行走的能力，但是没能恢复他的语言功能和大脑的所有功能，日常生活都需要她照理。当时两个孩子还都很小。事故发生在中国，肇事者在现场逃之夭夭，没能绳之以法。

Kay这位善良贤惠美丽的普通女子，原本过着健康人的正常生活，一夜之间命运改变了她的一切，她必须承担起家庭所有的重担。

Kay对我说，她没有条件给孩子提供太多。她女儿也记不得父爱是什么样的。爸爸出事时，他们还很小。

女儿初中时从中国来到美国读书，高中毕业后上了两年社区大学。她在初中、高中时就打几份工，上社区大学都是自己挣学费。

当我的孩子和我周围朋友的孩子在读书时，Kay的女儿一边在打工，一边在读书，没有参加过任何补习班和课外才艺班。她和妈妈一起为生活打拼。她没有选择，必须这样做。

这与我和我的朋友们要求孩子去打工，去体验生活，上学期间要有一点工作经验，完全不是一回事儿。

圣诞节假期Kay见到我的孩子，对他们说：“你们多么幸福啊！”

衣食无忧的孩子，父母为他们提供一切的孩子，他们感到幸福吗？他们也许正在为上学、交友而烦恼，但是有一些同龄的孩子正在为生存奔波劳累着。

Kay的女儿聪慧美丽，勤奋努力，成绩优异，现在被加州理工学院作为转校生录取了，这是一件多么值得庆幸的事情！　这对于我和我的孩子都是一个励志的故事。

不料当我满腔热情对Kay道喜时，她却表现得内心非常淡定，我知道她的内心一定是为女儿自豪而骄傲的。

“女儿还在等UCLA和其他几所UC学校的录取结果，加州理工这样的学校都是学霸，她有点怕，怕不适合自己。”Kay说得诚恳而坦率。

“被加州理工录取太不容易了！你女儿很聪明，那里是培养未来科学家的地方。”我还是鼓励她去。

Kay不紧不慢地回答：“也许你们对孩子有更多、更高的期待，我真的只希望他们一生健康平安，能养活自己就行了。”

她聊到她的先生。过去我只听说过她先生经历过一次车祸，但是并不知道任何细节，也不知道他的后遗症有那么严重。

Kay告诉我，她在诊所见过各种各样的病人，有斯丹福，哈佛，麻省理工毕业的，也有北大、清华毕业的；有身体疾病的，也有精神严重忧郁的。

一次一位俄罗斯病人来到诊所，她与Kay同岁。这位俄罗斯女人住着豪宅，先生有非常成功的生意，但是她女儿在20岁那年摔了一跤，从此就不能正常说话了，以前她会三国语言（俄语、英语和西班牙语）。

二十多年来，这位妈妈全部的工作就是照顾她女儿。他们第一次聊天的情形，Kay至今难忘。

“你有孩子吗？”俄罗斯女人问。

“我有两个女儿。”Kay 回答。

“他们都健康吗？”俄罗斯女人轻声地问。

“他们都健康吗？”Kay忘不了这位俄罗斯病人的提问与他们相识的方式。

我一时沉默，体会这句话的深意与份量。它可以包含着一位母亲对孩子的无比怜惜；它可以包含着母亲对一位失去健康的孩子全部的祝福与期盼；它也许包含着这位俄罗斯女人一生的守望与梦想；它也是天底下每一位普普通通的母亲对自己的孩子，对天下所有的孩子的第一祝愿。

我们往往当自己失去了健康的时候才会祈求健康！只有失去了健康才会真正体会到健康是多么重要。

就像此刻我躺在这里腿不能正常行动，才意识到平时没有意识到的事情，这两条腿每天要承受我们身体的重量，把我们带到每一个想去的地方。我需要更加善待自己身体的每一个部件。

因怕右脚受力时韧带拉伤的疼痛，走路时总是把重心放在左腿上，这样走路时就是一瘸一拐的。在康复理疗时，康复专家教我应该如何走路。

“抬右腿，后脚跟先落地，放下右脚板，踩下全脚，身体向前倾斜，如需要可用拐杖平衡身体；然后左脚提腿，跨前一步，踩下；身体向前倾斜，再伸右腿，后脚跟先落地……就这样练习走路。”

“你右腿受伤，如果只用一根拐杖，应该放在左边胳膊下。你放错位置了，这样受力更不均匀。”复健师告诉我。

天哪！平时走路谁会想到还有那么多的步骤，现在走起路来两条脚好像真的不太平衡，我要努力使两条腿受力均匀。

Kay用她充满力量和魔力的手时轻时重按着我的每个穴位。推着，敲打着胆经的走向，让我的腿部肌肉放松；在我受伤的脚踝四周推、拿、按、摩、揉；在脚底的某个穴位推压；酸、麻、胀、痛的感觉。最后她双手用力在我腿内侧推压几十秒，猛然松手时，一股热流从腿部传到脚上。

看着她每一次推拿都是这样尽心尽力，我的内心被深深感动。眼前仿佛看到那个不到三十岁的年轻女子日复一日地在为她先生作推拿理疗。

十几年来，她为那个俄罗斯女人，还有很多象我一样的病人服务。在每一个平常的日子里，她用自己的体力，知识，用她对生活的体验，为我们的健康用尽她所有的力气。

Kay在自己朴实无华的世界里，坚守在自己的位置，默默地服务于他人，为自己创造了一份踏实的生活。她的手是巧的，心是美的。当她的手按到我的穴位，也触摸到我心灵，我知道她的存在与功效。

祝愿好人一生平安！祝愿您的孩子，祝愿天底下每一位孩子一生平安健康！

2017年2月

第六章　水仙花开

那些最真最美的记忆，

是我们生命的痕迹和见证。

又是一年花开时

四月初春，院子里的桃花、杏花、丁香、君子兰，好像约好了似的，几天内一起盛开。如果有人说“人非草木”，我想那他一定不知道花草也有情，这是我从种花种草做院子所学到的。

多年来我一直想做个漂亮的院子，四季开着不同的花，但是因为种种原因做院子的事拖了一年又一年。

女儿刚出生不久，先生执意要在我们俩上班的城市 Palo Alto 买房，折腾了几个月抢到了一幢旧房子。因为原房主住外州，此房长期出租，整个房子严重失修。从刚搬进屋的那刻起，我就想着要装修，也想着做个喜欢的院子。

后院的围墙旁有一排粉红色和白色相间的夹竹桃，先生二话不说就把它们砍了，说有毒，对孩子不安全，以后可以种更漂亮的植物，但是漂亮的植物却多年没在我们家后院生长。

购房后不久先生去意大利开会，我带着女儿去旅游。那是一个小型的学术会议，东道主选择了一个古老的、由荒废的寺庙改建成的一个很小的度假村。在一个极为避塞的小镇，需要走一段山路，然后坐车出小镇，再坐火车一、两个小时可以到比萨斜塔、佛罗伦萨。当开车穿过羊肠小道，转上山坡，看似荒凉的寺庙倒成了一处绝佳的避暑胜地，那里有一个别致的小花园。

当先生们开会时，太太们在花园里聊天，看着孩子们在花园里玩耍。这个园子看上去极为简致，但花草错综有序，中间有草坪，旁边有石雕，一排石头铺成的小路通向住处，地下有灯，晚上可以看到地面上幽静的灯光打在石头上、绿草旁。看似荒凉，却处处散发着灵气与生命的气息。我觉得意大利人真是天然的园艺大师。

那天当我在赞美花园时，一位意大利太太问我："Do you have a garden at home? "你家有花园吗?

我马上回答："没有。"

她又问："那你住在公寓吗? "

我答，"不是公寓。"她一边说一边用手比划着，看着她一幅困惑的表情，我忽然明白了她是在问我住的地方是否有院子。

我告诉她："I have a backyard, not a garden!"我家有个后院，但没有花园。

无论是任何语言，我实在不能把自己荒凉的后院称之为"花园"。多年以后我都记得那场对话，一场充满文化冲突的对话。从此我也常常梦想如何把我的后院变成花园。

为了心中的院子，我做过不少尝试。先是在西边的围墙旁种了一排漂亮的茶花，不料第二年枯萎了，因为茶花怕晒，西晒的太阳光太强了，被晒死了。然后种了一排喜欢的杜鹃花。花种活了，但二三年都长不好，原来土质不适合种杜鹃花。我们也不懂得施肥，改善土壤。后来索兴种了一排四季常绿又易生长的植物，它却长得蓬蓬勃勃，几年后就高过围墙了。

在美国见到不少漂亮的院子，有各种漂亮的花草，植物，却总觉得缺少了一些什么东西。琢磨了好久才发现有些花园只有花草

(landscaping) 的元素，却少了一些 hardscaping 的元素。

后来多次旅行，慢慢地发现做个小小的院子，其实是象艺术创作一样，在这个空间里你想怎么做，有着无限的可能。我觉得自己无能为力了。开始看书，开始找专业人士。

记得第一位园艺师问我想做什么样的院子，我回答，第一，院子不需花太多时间收拾维持，第二要好看。

她又问我想象中好看的院子是怎样的？我说前院要有点日本庭院的味道，有松树、枫树、地上有踏脚石（stepping stones），绿色植物覆盖地面。侧院围墙有竹子，可挡住邻居的屋顶，但竹子不会乱窜；后院要有烤肉的地方；院中有个木架子上面爬满鲜花，我可以坐在下面打坐，看书；一边还要有孩子放自行车和打乒乓球的地方，围墙旁四周安装地灯。付了咨询费，她做了个计划，价格如同半幢房子。

我咨询的第二位园艺师是个法国人，还懂风水。建议门口放个小喷水池，后院也来个小喷水池，几处放什么颜色的地砖与花罐。我惊讶她可以把我的院子变成了一个水火土木金各种元素都具备的精细作品，但与住房太不协调，价格也太贵。

后来朋友介绍了一位印度人，她又是一番理论，花啊，砖啊，要前后呼应，对应才能产生合谐与美，还告诉我房子两边侧院过道的地砖不搭配。

折腾了几次，太多的设想，太多的时间，太大的费用。院子里的植物，家里的花，我都养不好，于是我知道自己没有绿手指，做院子的事又拖了下来。

再次去老同学君家看到她先生种的花草和修整的院子十分漂亮。一位老同学的妈妈送我们每家几颗君子兰的苗儿。我家的苗儿还很小，不见长。可他养的已是枝叶宽大，很多新绿。他的君子兰开花了，我家的刚刚长大一点点。在他们家看到盛开的蝴蝶兰，真是漂亮。我忍不住上前仔细端详，花美得有点失真，如同蜡制的一般。

奇怪的是几个月后，看到他养的蝴蝶兰还在盛开。花谢了，一年内还会再开。我买的，朋友送的蝴蝶兰开完花，就永远只见绿叶不见花朵了。于是我虔诚地向君的先生请教种花，种草，做院子。

没想到，他对我说，你想要漂亮的院子，又不需要收拾，天下哪有那样的便宜事儿！你想要的东西不存在。他还对我说：你想要（种的）东西无穷多，可又没有真正对花草的热爱。你要弄明白要什么？

他的话刺痛了我，一针见血，好像我的生活也是如此啊。忽然觉得种花种草做院子与做人做事是一样的道理。

这位朋友告诉我，每天他都会去看看他的花草，陪他们说说话，用手触摸泥土的潮度，常观察他们，照顾他们，根据他们的需要，让他们晒足够的太阳，给他们足够的营养与水份。而且他种养的花草绝对不杂。每个时期只专注了几种。

正是这份用心，这份专注，这份简单，才让他的花长得那样精致，没处可比。而我只想一劳永逸，看到自己喜欢的花，可是从没花心思养过它们。这位朋友是用心血与爱浇灌他的花草，所以才会养出这样美的花儿！

在这位朋友的帮助与指导下，我们设计了院子，在前院，侧院，后院种上了花草，过道请人铺了地砖，还加种了多棵果树。先生自己在后院搭了个小木屋存放自行车与乒乓球桌，还做了两个可以种蔬菜的大木框。先生还在院子的边上自己设计安装了一圈太阳能的地灯。

又是好几年过去了。种下的树木和花草，每年都在生长。

现在我的院子里，春节前后君子兰总是如约而至；初春时，桃花、杏花、丁香和海棠花一起盛开；夏天院子里的西红柿、杏、苹果和枇杷掛满枝头；秋天看门口的海棠树，枫叶在风中改变颜色；还有二十多颗不同品种的玫瑰花，一年中总是带给我满满的爱意，往往到岁末年终才落尽最后的花瓣。

我常常会望着一朵朵花发呆，我知道每一朵花都有不同的品格；

每一朵花都是一个不同的世界。它们让我感到大自然的丰富与生活的美好。

我不再想象要拥有一个意大利式的花园，因为我懂得了，其实真正美丽的花园在我们的心中，在大自然的一切恩赐之中。当我们用心与爱去浇灌院子里的花草，它们就会开出最美的花儿！

看着院子里的花儿静静地开放，看着她从容地生长、盛开、飘落，最后回归大地。它在四季中的变化，无不给我带来美的享受与生命的启迪。

2016年3月

那些细小的善意

下班后我匆匆走出办公楼，赶着去参加另外一个活动。两位身材高大，身穿黑色西装的男士走在我的前面，也象是刚下班。

他们离我大约有二、三十米，走到大门口，注意到后面的我，他俩便一左一右打开了大门，一手拉着门，笔直地站在那里，为我开门，等我走出来。看到两位绅士如此礼让，马上加快脚步，不好意思让他们拉着门等我。

不料一位先生对我说：No rush! 别急！

我走出大门，向他们点头致谢，并对他们说："What a gentleman! Thank you!"

他们礼貌而有涵养地对我微笑，等我走出门几步，他们才慢慢地把大玻璃门关上，然后向前走。他们的动作如此熟悉与自然，让我感到象是走进了高级宾馆得到的礼遇。

我忍不住回头说："I am not sure if I deserve this."

"Of course, you do!"站在右边的那位先生非常友善地对我说。

我不认识这两位先生，他们也不认识我。我甚至不知道他们是不是和我在同一个公司工作，我们只是在同一个楼上班。

记得去年九月刚到这家公司上班的第一天，我怀里抱着两个搬家的纸箱，里面有我的常用书，孩子的照片和画，茶杯，还有我心爱的诗集，那些从一个办公室搬到另一个办公室的个人“必需品”。两个箱子很重，我要用上全身的力气，不仅是用手和胳膊，还要靠着腹肌，背部的力气，把两个纸箱从停车场挪到办公楼，走几步就要停一下。

我正向办公楼走去，走过来一位男士，象是早上来上班的，他从好几排远的停车位走到我面前说：“让我帮你搬一个吧。”

说完马上把我怀里的一个纸盒提起来，接过去，然后询问我的办公室在哪里。我说是新员工，要到前台去报到。他带着我往前走。走到门口，另一位员工，看到我们提着纸箱，马上又为我们打开了大门。

第一天上班给我印象很深，他们的动作在有意和无意之间，那看似随意的举手之劳，又是分明眼里看到他人的难处，愿意帮助他人的善意之举。

对于我一个手提两只大纸盒的新员工，我觉得自己得到的礼待是否与我穿着整齐的正装有关。

毕竟我身边看到太多职业人士来去匆匆，面带倦意，脸上的笑容有时也是硬挤出来的，一转身就可能恢复原样，那是一张毫无表情的脸！这在我以前上班的地方，以及公共场所随时可以见到。

但是在这里，一次又一次地遇到很多极有教养和礼貌的人，发现我上班的新地方是一个如此文明礼让的地方。

文明礼貌的善意也是会“传染”的。

看到周围的陌生人对他人的善意与关怀，并置身其中，自己也开始放慢脚步。

看到有人来送饮料、食物，我会走过去为他们打开大门，静静等待，让他们不要着急，慢慢推车。

如果正好在门口看到送快递的，我也会顺手为他们开门。

昨天在银行门口看到一位老人拄着拐仗摇晃着走来，我在取款机前排着队，便快速走过去，为这位老人开门。

看到地上的垃圾顺手拣起扔到垃圾桶里，能伸手帮一把就伸出手，不要过于吝啬。

这些细小的善意，给我带来温暖与感激。我曾经寻找理想国中的美德与善良，那些激励我们从善的理想和大道理曾经让我们的眼睛只关注远方，却时常忘却了眼前细小的善意。

随着生命的成长，我发现了在每天细小的善意中获得快乐，获得灵感和幸福；并让我对这些细小的善意心怀极大的感激，无论是来自陌生人，还是来自身边熟悉的人。

我知道不仅是在大事件中，还是在每一件细小的事情上，我们可以有不同的选择。这些细小的善意如同人类文明的光亮，照亮并温暖我们的心灵。

2016年2月

另一条路上

车子又开到了交叉路口，犹豫之中，凭着一种固有的惯性，又一次带着侥幸心理，顺道右转走上了92号公路，开往101高速公路的方向，这是一条我熟悉的路。

车子刚上路，我马上意识到，糟了！晚了！高速公路象个停车场！前面的车挤得满满的，一动也不动，可是我已经没有办法回头了。这时我开始生自己的气，应该走另一条路。总是抱着侥幸心理，总以为自己是个幸运儿，可总是不期而遇地被堵在路上。

多年来我一直在离家很近的地方上班，习惯了走同样的路，上班下班都很顺当。新换的工作只不过远了20英里，但是塞车严重，好像常有交通事故。上下班常常走不动。常出于无奈被迫开下高速公路，走市区的主要通道，如果顺利一个小时可以到家。但是需要穿过多个小城的市区，一路交通灯无数，走走停停，也为上下班增加了很多烦恼。

一位朋友建议我换条路，可以走280高速公路。可是101公路离家近，280离家远，不知道为什么，心里就是不喜欢每天绕道去走另一条路。塞车多了，偶尔也开始试走280，路况不熟，但是畅通无阻。

可我总是习惯走老路。

你看看，这回带着侥幸心理又走上了“死路”，踩一下油门，踩一下刹车，走一步，停几分钟，走走停停，下班拖着疲惫的脚步，回家的路显得格外遥远。

看着前面的车一辆连着一辆，无奈之下，又一次走下了高速公路，走上El Camino Real大道，穿越沿途的多个小城，走在回家的路上，两边都是商店，百米以内就有交通灯，下班的行人不少，好在车子还在前行 。

收音机里播放着新闻，都是令人不快的事情；换个台听听音乐，面无表情地往前开着车。路上的景致与商店似曾相识，一个小时后感到快到家了，再仔细看看街道，忽然感到有些陌生。

一种身体的疲惫，脑力的懒惰，象是失去了思维的能力，只是机械地往前开着车。

忽然路边出现了大型的商场，还有不熟悉的路标，神情有些恍惚起来，好像还没到我住处附近，还没到家。稍微加快些车速继续往前开着，似乎相信一直走就可以到达目的地，回到家。

天色渐渐黑了，忽然看到了另一条陌生公路的入口，然后见到了另一个小城的标志。这时恍然醒悟刚才下高速公路时走错了方向，回家应该往南走，我却朝北开了一个小时。方向反了，再努力，只能离目标越来越远！回家的路变得格外地遥远，我已经感到精疲力尽了。

转向往回开，走上了280往南的方向，这时已是晚上快9点钟，早过了下班塞车的时间。路上车辆不多，却开得很快，路上的人仿佛都知道往哪里去。好像除了我，没人会迷路似的。

夜幕降临，天色全黑了，两边的山色象是一幅油墨画。路面起伏有序，公路两侧的山不高，但空旷辽远，蜿蜒缠绵。右边的水晶泉水库（Crystal Springs Reservoir），静谧宁静，静静地守候在公路的一旁，象是一条护城河。据说这个水库原本是地面断层造成的峡谷，后由优胜美地国家公园引水将峡谷变为水库。

想起白天这里是另一番风景。蓝天白云下行走在这段公路上，可以看到两侧起伏的山脉，山坡上的树木，春季可以看到山坡上吃草的牛群。

我不由自主地放慢了车速，不时有几辆车从身后超过，握着方向盘的手总是要不自觉地捏紧一下。突然醒悟，其实早该知道，这条路上的风景那么美！我为什么总是执着于一条熟悉的路?

这条路告诉我一个朴素的道理：有时一条路走不通，走不顺，可以换一条路。也许另一条路上，有更美的风景在等着你！

终于看到住处附近的街道路标了，心里一阵轻松，加快了车速，同时按下音乐键，传来Barbara Strassan的歌声“When I met you…",车子载着音乐象是在空旷的原野上奔跑。

这时一辆大卡车从我身边快速开过，听到沙子打落在车前玻璃窗上沙沙作响。我放慢了车速，卡车远去，沙沙敲打玻璃窗的声音更大了，定神一看，天下起了雨。

雨滴敲打在车窗上，也敲打着我的心弦上，一切的焦虑都随之融化了。

2016年2月

在这个感恩节

感恩节是我最喜欢的节日。它是岁末年终节日季节（Holiday Season）的开始，总是在这个节日把我带到浓浓的过节气氛中，更是喜欢这个节日的意义，还有它对“感恩”的提示。

多年前我总以为当你是命运的宠儿，才会自然心生感恩之情。后来我发现，在生活中时时心存感恩的人似乎与他们的生活处境完全没有关系。相反地，常常让我感动的是那些看起来微不足道的“小人物”，或者是那些处在逆境或境遇并不那么优越的人，他们对生活的从容态度与感恩之心，不是我生来具有的本性，但是他们教会我如何时时心存感恩。

我的办公桌上十几年来一直放着一本书《Attitudes of Gratitude》by M. J. Ryan。那是我在2001年2月买的。当时我在一家 NSADAQ 上市公司做律师，该公司经历了网络泡沫后，面对股票大跌、股东投诉、上市公司摘牌、直到最后公司破产、以及CEO宣告个人破产。我们在两年的时间里仿佛置身于一场又一场的惊险连续剧，在这些事件中见证了人性的善与恶。

在公司一次又一次的裁员中，很多人失去了工作，房子；退休金投在公司的股票也完全化为乌有。在这种情形下，仍有很多人怀着感恩之心。那时我的心中除了抱怨就是不安，那似乎是我参与生活和工作的唯一方式。

在一次员工的心理咨询服务中，我买了这本书。它让我明白感恩是每天的功课，我们需要天天练习感恩。我们需要给自己的心灵腾出空间，才能去存放感恩之心。

这位作者说，我们不妨每天想一想，今天什么事情让我们心存感激。开始我只会去关注，寻找那些“非凡”的事情。比如做了一件非常漂亮的，让我为之自豪的工作；或者看了一本好书；或者有一件非常开心的事。但是每天的日子实在平常，让人沮丧的事情似乎总是多于让人高兴的事情。心中很难时时感恩，却很容易时时抱怨。

我的小女儿教我如何感恩。

那时她才四岁。在幼儿园学习了感恩节的由来，老师问小朋友，你们感恩什么。女儿说，她感恩蓝天白云；感恩树木花草；感恩可爱的小动物；感恩爸爸妈妈；感恩幼儿园里的秋千；感恩她手中的笔和纸；感恩她的小朋友和她的很多绒毛玩具。

透过女儿清纯，一尘不染的眼睛，我看到了一颗感恩的心灵，晶莹剔透。如同初生的婴儿还不会对这个世界有太多的索取，原来一切都可以让人感恩。

一位身患绝症的基督徒同事告诉我她如何感恩生活给予她的一切。

用世俗的眼光看人时，对那些“弱者”或者“不幸的人”自然会有一份同情或怜悯之心。觉得自己的处境比别人好一点，感恩自己拥有的，关心比自己处境差一点的，似乎也是人之常情。但是这位朋友完全改变了我的思维与看法。她说每天早晨起床，心中就充满了感恩，因为她又可以多活一天。她让我羞愧，因为我每天早晨醒来的第一个念头，常常就是很痛苦，不想爬起来上班，每天能睡到自然醒该多好。我为什么不能象一个癌症病人那样，每天睁开眼睛就充满了感恩之情?

也许这是一种选择，一种生活态度? 当我们放下对世界的索取，对他人的期待，就能给心灵腾出更多的空间去感恩。随着不断的练习，这个空间会越来越大，你就会越来越感到内心的充盈和世界的美好。

感恩是一种能力，需要学习，感悟和练就。 我感恩遇到的每一位让我更懂得感恩的人。

在这个感恩节，我感恩世上美好的一切。感恩父母把我带到这个世界；感恩每一位亲友，无论是身边的，还是远方的；感恩我们所拥有的一切；感恩人生的每一次相遇；感恩生活，在岁月里演绎着生命的美丽和每一天的意义。感恩有你！

感恩节快乐！

2014年11月 感恩节

时光无价

又是一年快过去了，日子像是旋转的陀螺，身不由已越转越快，已经分不清年轮，似乎等它旋转慢下来的时候，能量也将慢慢散去，直到最后完全消失。家里的物理学家对我说，如果能够排斥“外力”的纠缠，靠自身的能量转动，陀螺就能处于守恒的状态，但是我们在世上都做不到，除非在真空没有外力的情况下才能实现。

窗外天气阴沉，下着小雨，这不是加州常见的气候。清晨醒来，我的心情也如同这天气一样。一种茫然无力感压迫着我，沉重得令人窒息，又同时让我觉得虚无缥缈，似乎一切与我远离。此刻，我尺量这个世界的距离只是我身体的尺度，非常渺小。即使是这样的渺小，我已感到自己的力量似乎支撑不起身体的重量。腰间盘椎压迫神经导致的疼痛，让我起居，上下床都感到非常艰难。人在生病时往往会感悟到自己的渺小，让人谦卑。

十二月生日那天去参加一位朋友的追悼会，和很多斯坦福的朋友一起为失去一位优秀的科学家，失去一位我们的朋友而哭泣，更为他的家人而悲痛。悲伤中，我们停下脚步，想弄清生死的奥秘，生命的意义。人生的一切努力是否有意义？

在这个岁末年终，我想象着一大堆想做但没有完成的事情，即使是在我身体和精神状况良好的前提下，我也是辜负了许多时光？欠下了多少债务？忽然我的脑子里闪过一句话，“人生无非是一场深情的辜负”。只有这样，才能自圆其说。只有这样，才能让我平静。

去年儿子大学毕业找到第一份工作，正在筹划自己的未来，给他过生日那天，他突然问我：妈妈你多大了？当他知道我年龄时，他说，妈妈你最好的时间已经过去了。我说儿子，妈妈觉得自己最好的日子刚刚开始。

20岁的女儿问我：“妈妈，如果一切可以重来，你愿意回到我这个年龄吗？”

对女儿的提问，我真的不知道该怎么回答。我并不羡慕你们20岁的年龄，因为我也拥有过。但是如果一切可以重来，我不知道是否还会重复同样的生活？我不得不说，自己曾经辜负了多少岁月，假如一切可以重新开始，我一定会更加珍惜。但是时光所给予我们今天的智慧和从容，我并不想用它去换取青春的容颜。

看到朋友写的四个字“时光无价”，我突然明白了，我为什么无法回答孩子的问题。我并不是羡慕他们的青春，而是感慨时光匆匆流逝得太快，我们不能抓住它，一切的努力在时光面前都显得那么微不足道。但是拥有时光，便拥有人生的各种可能性。

如果时光能够重来，你愿意让自己一切归零，重新开始吗？

无论你是否相信前身后世，是否相信灵魂不灭，我们都会相信时光是无价的。在漫长的时光隧道中，它塑造着我们，改变着我们。我们从来不知道自己拥有多少时光，但是时光的点点滴滴造就了我们今天的模样，也将塑造我们明天的样子。

清晨，我的心情和加州这个阴雨天一样沉闷。心里想着，人生无非是一场“深情的辜负”。推开窗户，惊喜地看到阳台上的一盘君子兰，我已经忽略它很久了，在严密的叶子中有两朵花蕾，在我不察觉时，正在悄悄地生长，很快它将含苞待放。每当新年到来之际，它总是如期而至，像是为了一场深情的赴约，这是季节给我的馈赠。

阳光透过云层照射在我的阳台上，照在我的脸上。时光岁月的点点滴滴，许多温暖的记忆，我知道足以让我们在寒冷的冬日温暖自己。

2018年11月

记 忆

回中国旅行前的那个晚上，忙完工作回到家已是傍晚，一边在收拾行李，一边开始在厨房做饭，一边还在手机上和女儿通话，嘱咐她暑假里要做的事情，包括办理去中国的签证，忽然家里的电话铃响了……

一连串的电话铃响个不停。我没有去接，心想大概是广告，我没时间理会。

电话留言响起，听到后院老邻居鲍勃的声音：

“我是邻居鲍勃。对不起，我有事想当面跟你们说。今天你们到家后请给我电话，我去你家。”他还在留言中强调等我和先生俩人都回到家，再告诉他，好像他要和我们俩人说什么重要的事情。

那一瞬，在秒针转动的瞬间，我的脑子里转动着无数镜头。关于鲍勃的善良，关于他的较劲，以及他的变化……猜想着他今天来找我们干什么？又是修树，还是野猫，天线，一大堆此时此刻我顾不上的事情……没等鲍勃说完话，我抓起电话，用尽量平静和礼貌的口气对他说：“明天早上我们回中国，我正在收拾东西，做晚饭，您有什么急事吗？”

鲍勃迟疑了片刻说：“不是什么急事，但是我还是想当面和你们说明白，只需要你们几分钟的时间。”

我马上意识到事情的严重性，我相信他肯定有什么合情合理的要求，而且必须在我们旅行前完成，心里一沉，又有什么麻烦事了！

刚买下这幢房子的时候，从世界日报上找了一家搬家公司，他们并没有经验搬钢琴，在门口台阶的拐弯处，四个中国小伙子没有力气把钢琴推上楼。邻居鲍勃看到，马上从对面过来，帮着一起使劲，终于把钢琴推到客厅。这是我们第一次见面，第一次打招呼，多么友善的邻居！

刚搬来的时候，孩子还小，刚上小学。鲍勃很高兴见到小孩，同一条街上的孩子都大了，只有高中生和大学生。他家的后院连着我家的后院，没有栅栏，只是一排树之隔。他的后院有几十颗果树，其中有一颗他喜欢的桑树，尽管每年果实不多，但是桑葚非常甜美，超市绝对买不到。

等到各种水果成熟时，鲍勃经常摘些院子里的水果送给我们，让孩子们尝尝。他送过的水果，包括苹果，梨，桃子，杏，橘子，红得乌黑的桑葚是孩子们的最爱。

一个夏日的早上我们收拾好行李，正准备去机场，要去欧洲旅行。鲍勃敲门，打开门，他手上拿着一个白色的塑料小罐子，里面放着一些乌黑的桑葚。

我谢谢他，然后对他说：“您还是拿回去自己吃吧，我们马上要出门去机场。”

鲍勃有些迟疑地对我说，“今年那棵桑树没有结太多果子，这些我都没舍得吃，收了好几天，凑了这些，不多，只是这些，给两个孩子尝尝。”他把那个小白罐提起，送到我面前，他的表情好像是不好意思，只有那么多。

我当时感动得无地自容，再三道谢。回到厨房，洗好桑葚，装入小的zip袋子，马上拖着行李和孩子去机场了。孩子们一路上忍不住吃起来……

对于这位友善的邻居，我们无以报答。我给他送过茶叶和酒，他不喝茶，也很少喝酒。

我们对他的善意唯一的“回报”是每天早晨开车出门的时候，正好是他跑步或者走路回家的时候，我们在路上马上会停下车，摇下汽车窗的玻璃，与他热情地打招呼，起码要大喊一声他的名字。这时他会脱去帽子，露出光秃秃的头，在手中挥动着帽子向我们挥手致意；如果在他家门口的路边遇上，他会走到车门旁边问候几句，然后互祝一天好心情，再挥手道别。

如果我几天没在我们街上，或在他家门口遇到他，总觉得像是少做了什么事似的。这种友好的关系一直延续了近两年。

“你家后院的树上缠满了爬藤，要清理，否则会缠死树。”鲍勃告诉我。

一次我在前院浇花，大门不小心关上，把自己关在门外进不了屋，向鲍勃求救，他会放下一切来帮你。

这位退休老人对邻居，对我家的关心和友善给我们留下很多温馨甜美的记忆，但是如果你觉得美国邻居只有友善的一面，而没有“有理必争”的另一面，那你就错了。我举两个例子。

一次一只野猫死在鲍勃后院的果树旁，在我家的地界边上。虽是野猫，他和太太是天天在后院放猫食的，那只猫可以自由进入他家。他来我家也看到我家是养猫的，但是我家的猫一般是不出门的。不知为什么，他怀疑这只野猫的死和我家的猫有关。

这次他来敲门，不是为了送水果，而是寻找“破案线索”，问我可以不可以到我家后院走一走看一看，想弄明白那只野猫是怎么死的。

他还问我们有没有给野猫喂什么东西？问我们除了自己的宠物，

是否喜欢其他动物。他那审问的口气，审视的目光，活像一位执法的警察。他还真的去我们后院实地“侦察”，这实在让我有些生气。最终他也没有“破案”，查出真相。

后来他在后院一颗果树旁，挖了一个洞，伤心地埋了那只死去的野猫。我明白了，他们夫妇俩是把那只野猫当初自己的宠物来养的，更确切的说是把它当作自己的孩子一样，像一位家庭成员一样！

我不知道他把那只牺牲的野猫埋在哪棵果树下？是否会埋在他喜欢的那颗桑树下？当那只野猫化作肥料的时候，那颗果树，我脑子里总是幻想着哪棵桑树，果仁是不是会更甜？还是会更酸？

那里有主人的悲伤。想到这，我的肠胃便有些莫名的不适，从此再也不想吃他家的桑葚了。事实上，第二年，孩子们嫌山坡上难骑车，上学远，离他们的朋友远，我们又搬回了离我们上班近，孩子上学可以走路骑车的老房子，从此再也没有吃过鲍勃家的水果。

直到十几年后，孩子离家上大学了，我们才搬回这里。当我们再次见到鲍勃，还是一如往常友好地和他打招呼。他的脸上还是同样充满着善意的微笑。

这时我们才知道他的太太前两年已经去世了，他显得苍老了许多，他应该有八十多岁了，但是他还是每天早上慢跑或走两三英里的路。他原本稀少的头发已经全白了，走路的样子也显得有些老态龙钟，身体重心显得有些倾斜，走路不稳，我担心他怎么还能跑步。

我说起，孩子小时候最喜欢吃他家的桑葚。他有些忧郁地说：“那颗桑树已经死了。已经很少到后院去打理那些果树了。”他说着叹了一口气。

我有些担心鲍勃的身体，但他还是他，像过去一样友善；对自己在乎的事，也像以前一样较劲。

搬回这里的那个冬天，几场暴雨，我家后院的一颗大松树倒在鲍勃家后院的果园，我完全不知此事，从我家后院也看不到倒下的树，周围被其他树完全挡住了。

是鲍勃敲门告诉我的，他要求马上清理。正巧我的右脚韧带扭伤行动不便。天下着雨，也无法走到后院去看“灾情”。

我在家里拄着拐杖，脚上打着绷带，告诉老邻居，先生在出差，下周就回家了，回来再请人挪树清理。

鲍勃说：“我不能等待那么久！这是我打听的一家公司的估价，三千八美元。明后天，雨一停，他们就可以来，咱们一家一半，很合理吧！你也可以给其他公司打电话估价，作个比较。”

几天都不能等！我马上行动起来，到处打电话，发现哪家都比他用的公司更贵，有两、三家来估价，从六千到一万多美金。见了鬼了，处理倒下的一颗树需要那么多钱？！最后在鲍勃的电话催促下，便让他联系了他的Treeman，雨一停，地还是湿的，这家公司就派人来搬走倒下的大树。当然树拉走后，后续处理，去树桩，填平地，修剪旁边的树枝，又让我加了一千多美金。但是他们马上清理干净了，鲍勃也不用为此而失眠了。

坦白说，回中国旅行前的那一晚，鲍勃打电话来，我首先想到的又是树的事情……

先生快八点回到家，我们顾不上吃晚饭，也没给鲍勃打电话，直接去他家！

一路我们都在心里嘀咕，鲍勃到底有什么事，非要马上和我们面谈！

鲍勃家门口在铺新砖，放着栏杆挡住不能人进。我们小心翼翼地穿过他前院的一排灌木丛，从他车库旁走到他的大门口。

一边敲门，一边喊：“鲍勃！”

鲍勃从屋里走出来，满脸的歉意，把我们迎进客厅。他的客厅像十几年前一模一样，不曾有任何改变。从他的客厅可以直接看到我们家楼上的阳台。

我和先生有点神经质地坐下，心里想着这位老邻居要协商什么重大事情。

我开门见山地说："我们明天要旅行。"

鲍勃说："知道，你电话里说了，明天去泰国。"

我说："不是泰国，是去中国。"

这时鲍勃脸上有些红涨起来，他半低着头说，今天早晨看到我先生的车开过，先生停下来和他打招呼（一如往常）。"看到熟悉的车，熟悉的面孔，我忽然脑子里断电，怎么也想不起你是谁了。"

我和先生几乎是异口同声地回答："没关系。我们也会这样。"

鲍勃马上说："你们还年轻。我老了，你知道吗，我的记忆正在逐渐失去……"灯光下，他的眼角里闪着一丝泪花。

"我很害怕，我会失去记忆，失去对亲友、对过去生活的记忆，这也给我现在的生活带来很多不便，甚至羞辱。"鲍勃说。

鲍勃早上看见先生的车开过去，他们互相招手打招呼，但鲍勃叫不出先生的名字，想不起他是谁，本来这是一桩小事，但是他难过了好久。他在家门口来回踱步，走到我家门口，想起了我先生的名字，在电话本上找到我们的电话（过去他习惯敲门，因为大树事件，要了我家的电话，打过多次电话催促），现在电话号码又派上用场了。

先生和我一时不知该如何安慰这位老邻居。他子女都不在身边，目前生活尚能自理。

我对他说，有什么事情需要帮忙，你可以来找我们。同时告诉他这个暑假我们会在中国。

鲍勃有些兴奋起来，聊起他这个夏天的旅行计划。几位退休的老人结伴去欧洲坐游船，绕地中海一圈，然后到北欧几个国家，包括丹麦、瑞典去旅行。

可以想象老朋友一起坐船漫游欧洲，到了这个年龄，再也不用匆匆忙忙赶时间了，那一定是非常快乐的时光。

“希望是一场留下美好记忆的旅行！”鲍勃说。

鲍勃的话让我想到，我们都是一边在忘却，一边在记忆。一些美好的东西是生命中难以忘怀的，但是它也终有一天会在我们的记忆中自然消失。但是这些美好，不可否认，都曾经真实地存在过，正如我们来过这个世界一样。

鲍勃不再说话了，我们互祝夏天旅行快乐。临别前，他突然问，可否在我们度假的地方，给他寄一张明信片。他同时递上他自制的名信片给我们，上面有他的名字，地址，边上还刻着 W6KT —— 他的无线电电台的符号。

“别忘了，我的地址。”我们离开时，他仍在嘱咐。

我在中国旅行时，一直想找一张漂亮的明信片寄给鲍勃。 那天和大学好友相聚，他问我，在中国还有什么事要办。我脱口而出，要找一张漂亮的明信片。

在我住宿的酒店边上有家礼品店，里面有各种各样时尚的文具。当我们问那位年轻的服务员，有没有明信片卖的时候，她表现出一种很诧异的目光，“什么是明信片？”

她和我相隔一代，在我们记忆中的很多东西在她的世界不曾存在。

80 岁的鲍勃，我们的上一代人是否也会经常有这样的感慨。

记忆是属于个人的，属于时间的。我不知道，除了写下生命中断断续续的这些记忆外，还有什么更好的方式来抗拒遗忘。

我在长白山上的天池，找到了一张满意的明信片。在旅游点只能贴国内邮费，服务员也不知国际邮费。

我把那张天池的明信片带回了北京，找到了一家邮局，写满了给鲍勃的祝福，终于投寄了出去。

我知道，我们都有那么一天，逐渐忘却的记忆并不可怕，可怕的是我们不曾真正生活过。也许我们每天都在忘却，又每天在创造新的记忆。那些遗忘的记忆，曾经真实存在过，它们都是我们生命的见证。

写于 2018年7月18（高铁上）

水仙花开

水仙花开了，一朵，二朵，三朵，今天爸妈家里的水仙花一下子盛开了，花香满屋。

爸爸看着客厅小桌子上的那两盆水仙花，坐在沙发上就能味到飘来的香味。他感叹：“这花怎么那么香啊！”

眼前这两盆水仙花，是一位我从小叫林叔叔的人，一位父母的老同事过节前送来的。林叔叔比我父母年轻几岁，但现在也是近八十岁的老人了。他退休前是某协主席，一位退休的老部长。他在职时，直到退休后，每年春节都会来看望父母，慰问几位老同志，二十多年从来没有间断过。

妈妈对我说，“我和你爸退休那么多年了，林叔叔还是每年春节都会来，每年会送来一箱八个水仙花，还送一小箱橘子或者其他水果。”

从我很小时，记得每年春节前妈妈都会养一盆水仙，有时只有一颗或两颗水仙花头，但是她总是精心照料，先把那像洋葱头似的水仙花头放到她喜欢的浅底花盆里，有时放上一些小卵石，她会在花的根部雕刻几下，让绿叶可以长成不同的形状。

花儿总是不会辜负她的期待，几天后，或几周后，恰好在春天过年时盛开。妈妈看着那些碧绿葱翠的叶子在白色的花头上长出来，在不经意间，叶间抽出了圆柱形的花茎，长出小小的花苞，然后花苞开出美丽的花朵。那花幽雅芳香，香味满室绕怀。

正如刘灏所描绘的“风鬟雾鬓无缠束，不是人间富贵妆”。水仙洁净，淡雅又美丽，我们全家人都喜欢。

妈妈从客厅边上的小纸盒里拿出两个大红橘子，每个橘子外面都包着半透明的精致包装纸，上面写着喜气洋洋的“新春大吉”四个金字。我一尝，橘甜无比！我知道过年送“橘子”，它代表着“大吉大利”！

妈妈告诉我，林叔叔前几天来看望他们，天很冷，零下十度，刮着大风，林叔叔照例带来一箱水仙花，一箱橘子。他们刚刚知道一位老同事最近走了，心情难免悲伤。

妈妈既感动又体贴地对林叔叔说：“天那么冷，你年纪也大了，不用过节来看我们了。咱们打个电话就行了。”

林叔叔说：“我来看你们，说明我还活着，你们还活着，大家高高兴兴见一面。见一年是一年。见一面是一面！”

老一代之间，这样朴实真诚，这样动人的两句话，是我今年在北京听到的最感人的“拜年”方式。我听得心里感动，眼眶湿润。

我驻足在水仙花前仔细观察，发现这花开得一簇簇的，亭亭玉立，每一朵花都有六个花瓣，洁白如玉，花蕊金黄，像是一张张笑脸。看着它那样简净素雅，又芬芳沁肺，心境也变得清静起来。

望着那盆洁净美丽又芳香的水仙，我仿佛突然明白了为什么妈妈那么喜欢水仙花？这花不正是妈妈一生向往和特有的品德吗？

这花也代表着林叔叔和他们那些老朋友之间的深情祝福。这是他们友谊的象征和见证。

当我们年老体衰行走不便时，仍然有人可以惦念，同时也会被人所惦记。那是一种幸福！

我真希望每年水仙花开的季节，老朋友们都能相会！

2018年2月春节于北京

再回北卡

初春的北卡，乍暖还寒。飞机着落时，天下着雨。毕业二十多年后再次踏上这块土地，目光穿过车窗外朦胧的细雨，寻找着往日的记忆。

下周二是先生的导师梅耶教授九十岁的寿辰，先生与同窗好友钟约好前往杜克大学给老教授祝寿。梅耶教授不爱热闹，更不喜欢祝寿，两位学生只是说，他们顺途去看望他，大家都没想到一场由多方筹划的，很隆重的庆生会，正在私下悄悄地准备中。

从机场走上了高速公路，眼前是一马平川宽阔的路面，两侧是整齐有序的灌木丛和树林，景色依旧，一种亲切而熟悉的感觉油然而生。先生在雨中驾车，把车速开得很慢，我知道他和我一样，故地重游，心情有些兴奋，也有一份凝重。

记忆中的Durham小城，几乎没有市中心，冷清的街道，如今增添了许多现代的建筑，办公楼，商店琳琅满目，小镇今非昔比。

沿途开车走上了校园的中心大道，路过当年的学生宿舍，在此停留了片刻。在雨中凝视着我曾经住过的宿舍，把目光停留在二楼临街的那个窗口，那是我常常向外远望的地方。居高临下望去，周围空旷一片，一直可以看到远处的森林。

西校园的大教堂巍然屹立，教堂的尖顶指向天空，站在这里让人不由自主地产生一种崇高神圣之感。四周哥特式古色古香的建筑，上百年在风雨中未曾有任何改变，而改变的只是岁月刻在我们身上的年轮。

在雨中来到我们当年上课的教室楼，操场，学生中心，在一个个留下青春足迹的地方，再次驻足停留。

傍晚我们来到了美丽的杜克花园，这是我们上学时常来走一走，坐一坐的地方。也是梅耶教授与师母喜爱的地方，他们是杜克花园慷慨的赞助人，忠诚的义工。

花园里充满了初春的气息，空气格外清新，鸟儿在叫，树枝上的花蕾含苞待放，地上长出了许多新绿。从林中遍地的枫叶，树枝上残留的叶子，尚能看到在不远的季节，这里曾经有过灿烂的秋色；望着高高的松树，不难想象冬季里雪花在林中飘落的景致，那些我们曾经在这里领略过的美丽，在这一刻都栩栩如生地再现在眼前。春的脚步正在向我们走来，万物复苏之景象。

在杜克花园里有一块地方，存放着不少亲友捐赠的纪念逝者的石碑，座椅，一般造型都是十分低调，与周围的景致完全相溶而没有把这个花园的一角变成私人的“墓地”。

师母三年前去世后，她的骨灰就洒在这里的树林中。她安息的地方，面对小湖，背靠森林， 那里有一块石头刻着她的名字。

我们来到这里看望师母，轻轻地走到Memorial Garden Path的小路上，生怕打搅了在这里安息的灵魂。走着，仔细地看着，辩认着刻在石头上，椅子上，木柱上的名字，但是转了一圈，仍然没有看到刻着师母名字的石碑。天色渐黑，只好返回宾馆，明天再来拜访。

第二天早晨拜见了大师兄贝林爵教授，他毕业后就留校，在杜克物理系工作至今，他也已经是年近七十岁了。从他太太苏珊那里得知梅耶教授的爱子和他们正在一起筹备老教授九十岁的庆生活动，但是必须瞒着他，否则他不会“配合”。

我曾经从先生那里知道不少梅耶教授的家史，他出生在一个优越，富有艺术教养的家庭，但幼年丧父。他爷爷是发明麻醉药的科学家，又是艺术收藏家。他的父亲作为瑞士籍的犹太人在德国当外科医生，死于纳粹的集中营。父亲的弟弟收养了他，梅耶在日内瓦长大，上学，直到取得博士学位，后到哈佛任教，结识了当时在维斯理学院（Wellesley College)上学的美丽女子，并与她结婚。后来他和师母搬到北卡，一直在杜克大学当教授，他们在这里生活了五十多年。

先生和其他中国留学生都知道梅耶教授喜欢古典音乐，常常送他们音乐会的票。据说他在招收研究生时，听说谁会拉小提琴，就会另眼相待。有一次他打电话到我家，好像要和先生讨论什么文章，听到我儿子在弹钢琴，他就打断了说话。那时儿子刚开始学琴不久，我怕影响他们的通话，让孩子停下来。他说：“请孩子继续弹琴，我在听。”每年的圣诞贺卡，他都会问孩子们是否还在继续弹琴。

从贝林爵教授和苏珊那里得知梅耶教授的近况，了解到更多他的家史。他的爷爷曾收藏过一些印象派大师初期的原作，还有很多艺术品，价值连城，他都捐献给了博物馆，认为自己喜爱的、收藏的艺术品属于全人类，没有传给子孙。梅耶教授也深领祖上的教诲，也把自己的艺术收藏都捐献给了华盛顿的博物馆，还把很多钱捐给了各种慈善机构，包括杜克花园，乐队（Chamber Music)，学校的医院和多个博物馆。

他在杜克花园的一角，参与建造了一个日本花园；在花园里他自制、安放了很多木制的小鸟屋，并且每隔两，三天他和师母就会给鸟儿去喂食，让各种鸟儿在花园里安居。他爱大自然，爱花草山水鸟儿。

梅耶教授以前的房子很大，在师母身体每况愈下需要人照料时，他卖掉了大宅，最后几年搬到杜克老年中心，这里有配套的，根据身体状况居住在不同区域的养老设施。护理人员，医生，食堂，图书馆，健身房，游泳池应有尽有。

苏珊告诉我们老教授现在仍然每天坚持游泳，虽然几年前得了癌症，但是治疗效果很好，看上去身体很健康，每半年、一年做一次复查。只是听力开始下降。苏珊告诉我们，下周他会去复查癌症，但愿已经没有癌细胞了。

师母去世后，老教授孤单了很多，但是他仍然在工作，做了几十年物理专业的期刊总编，刚退居二线，但还是亲自参与工作。他在帮助更新物理系里的网站，整理历史资料，工作使他保持生命的活力和敏捷的思维。

梅耶教授的一生太丰富了，他所做的事情，无不令人肃然起敬，可谓桃李满天下，他的学生，包括诺贝尔奖获得者Robert Richardson，他培养了很多从事低温物理研究的科学家与专家。

他从事物理研究六十年，成果丰硕。他还是一位地地道道的人道主义者，他的捐赠数额可观。贝林爵夫妇说，梅耶一家为人类的科学，为我们的博物馆，社区，学校贡献太多了，我们应该好好庆贺他的大寿。

我们的文化是在人去世后，亲友们去追思他们的一生，告诉死者他对活着的人意味着什么。我们相信逝去的亲人和挚友会听到你所说的话，包括所有的赞美和道别的话。为什么我们不能在老教授90岁的生日之际来庆贺一下他丰富多彩的一生呢？大家想把自己对他的爱和感激现在都告诉他！

吃完早餐带午餐，我们聊着，电话响了，好友钟正在开车去梅耶教授家。一看时间不早了，道别了师兄，开车前往老教授的新住处。

一路上我有些兴奋，上次见到梅耶教授是十几年前在南加州NASA卫星发射站，我们全家和先生所在的斯坦福大学物理研究所的朋友和同事们，一起去观看他们发射的一颗卫星。这个实验是为了验证爱恩斯坦广义相对论的一个推论。梅耶教授到场，晚上请我们全家在附近小城晚餐。

十几年前，他的前额就有些秃了，说话间总是习惯把头发从一边摞到另一边，好像要盖住他前额的秃发似的。十几年的时光，加上癌症的治疗，我想象着这位90岁的老人现在应该是什么模样。

先生按响门铃。

“他们到了！" 随着屋里传来熟悉的声音，大门已经打开了。

老教授大喊一声先生的名字，他快步迎上来，双臂张开，兴奋地蹦跳起来，把先生紧紧地拥抱在怀！然后拍拍先生的双背，热情地把我们迎进客厅。老教授满脸春风，身体健朗，动作敏捷，怎么也难以想象他已是90岁的老人！岁月好像再也不能摧残他似的。

好友钟，他的妻子和儿子也刚刚到。这个小小的客厅忽然来了几位不速之客，一下子好生热闹。

这幢养老区域的新居约六十平米，并不宽敞，尤其是比起他过去居住的几百平米的大宅。进门左边是饭厅，右边是客厅，卧室紧挨着客厅，房间的天花板似乎很低，我们几个人坐在客厅好像挤得满满的。

好友钟拿出他刚从中国带来的好茶叶，先生带来了宜兴紫砂杯和茶壶，当他们俩个拿出礼物给梅耶教授时，真是太巧了，两件礼物配套！老教授以为他们是商量过的，或者是一个人买的。先生还带来了一本厚厚的纪念爱因斯坦广义相对论发表100周年刚刚出版的论文集，上面有他写的两篇文章。梅耶教授双手接过，连声说：“真好，我要好好读读。”

大家久未见面，七嘴八舌打开了话匣子，这时老教授的听力好像有些费力，于是大家安静了下来。

梅耶教授开始问长问短。他指着客厅墙边两幅小画，对我们说：“你看这是你女儿的画，我很喜欢。告诉她一声，我挂在家里呢。”

他转身问好友钟十七岁的儿子，他参加的童子军Eagle Project在做什么。孩子回答：帮助当地的老年公寓做了一些户外活动的设施。老教授说：“真好，你这么小的年龄已经懂得去履行公民的义务与责任了。”

老教授又问孩子：“你有没有为大自然做过什么？”孩子陷入沉思，一时无语。

这是老教授眼睛忽然看着对面餐厅外的窗户，一半身体向前倾斜，欲起身站起，双眼向外张望，好像是有客人来了，他要跟客人打招呼似的。所有的人朝着他的目光望去，一只飞鸟正好落到他饭厅窗户外的小木屋 (bird house)。看见鸟儿在啄食，他又坐了下来。

“噢，刚才已经放过鸟食了。”他自言自语地说着。

先生插了一句，在杜克花园见到很多您做的小鸟屋。老教授笑着说，“那很容易做的，我和你们师母一起做的，家门口的也是自己做的。过去每过几天师母都会去花园给小鸟喂食。”这时我看到他的眼神有些忧伤起来。

梅耶教授放低了语调，缓慢而深情地说，“师母在花园，那里有一块砖刻着她的名字。”

远道而来，我们本来也打算去花园看望师母的。看时间此时本是老教授午休时间，于是决定我们现在就去花园，让老教授先休息。

我们五人驾车来到杜克花园。

雨后空气湿润清新，略带一丝寒意。再次走到花园的Memorial Garden Path，两边看到高高的松树，中间有枫树和其他小树穿插一体，不远处可见湖色，小桥流水。在这个纪念园地，一块块红砖围起来两条长长的过道，形成小路，可供人们行走。走在这条带着松针味与泥土气息的小道上，心里有着一种洗尽铅华的宁静与清纯，一种脚着实踏在地上的感觉。

钟夫妇知道师母长眠之地，把先生和我带到几颗大树前，告诉我们，“师母的骨灰就撒在这里。”

在几百米长的一块块普普通通红砖做成的过道上，上面有一块砖写着师母的名字，名字下刻着：社区义工（Community Volunteer），再下面刻着她的生卒年份（1926 - 2013）。

我从没见过这样的墓牌，从未读过这样的墓志铭！

师母毕业于著名的维斯理（Wellesley）女校，她是美丽与智慧集一身的杰出女性，她是个公众人物，社会活动家，曾任北卡州妇女选举委员会主席，她是北卡州通过反对姓别歧视法案（Equal Rights Amendment）的主要推动人。她多年在北卡州政府的政策决策中心任董事。她与梅耶教授都是社区，杜克花园的赞助人和义工。她的骨灰洒在她喜欢的花园，她在“墓地”的一块砖头上只写上了“社区义工”作为她的全部的身份。

这最后的安排是老教授纪念爱妻的方式，还是师母的临终心愿？

我们五位晚辈向师母鞠躬，然后沉默静思。我沉浸在回忆之中。师母去世后的第二天老教授给几位亲近的学生送来电子邮件，告诉大家师母去世了。他还详细地说述了那天的情形，师母摔了一跤，老教授把太太到医院就诊，拍片，包扎。在送她回家的路上，她在车里睡着了，永远地睡着了。

师母走得很平静，没有痛苦，那时她的身体已经很虚弱了，做好了随时可能离开这个世界的准备。师母这样离去的方式让老教授深感安慰。他最后说自己必须继续活下去。字里行间处处可见他们之间的深情，但是丝毫没有流露出对死亡的恐惧。

师母去世两年多了，她的骨灰，已经融入了大地，化做了肥料，滋润着这里的森林树木花草。花园中的鸟儿啊，你是否还能辨认出喂鸟人的气息？那些美丽的小木屋仍然是花园中的一景，带着无限的的爱意。有你们在这里陪伴，师母将不会孤单。

离开花园，回到梅耶教授的住处，我们一起走到老年中心的餐厅晚餐。他为我们每人倒了一杯红酒，然后举起酒杯深情地说：“为我的太太，为你们干杯！”

晚上老教授语重深长聊了很多。他对学生和学生全家的关心是那样深切而真诚，他那温暖的情谊，让人感到你在这个世界并不孤单。

几天后一场意外的、盛大的庆生会让梅耶教授既感动，又感怀。

遗憾的是，同时我们知道他的癌细胞已经扩散了，医生说他所剩的时间不多了，他决定不再化疗。看着老教授的精神劲儿，难以想像有一天他也将离去。但是我们知道他并不畏惧死亡，他仍然从容地活着。他是如此坦然地面对爱妻和自己的疾病与死亡。他用自己的一生，让我们这些有幸认识他的人，见证了一个美丽的生命；让我们领略了在生死之间，可以选择如此从容地活着。

当飞机再次起飞时，北卡的天空阳光灿烂，大地葱葱绿绿生机勃勃，带着一种对生命的感动和敬畏，再次向老教授，向母校道别。我知道我们精神的一部分将永远和这块土地相联。

2016年6月

后　记

文字是生命的痕迹。

我是学法律的，多年从事法律工作，文学是我的一个久远的梦想。

我对文字的敏感和喜欢，可能来自于我儿时阅读的记忆，以及我喜欢记事的习惯。多年后我才意识到从文字产生的源头看，它是一种记录生命的形式，也是一种拒绝遗忘的形式。

这本作品集的文字跨越了二十多年，从1990年代初书写的留学生活到青春的记忆；从初为人母与孩子的心灵对话，到“不惑”之年、“知天命”之年对生活的体验和对生命的思考。这是一段寻找自己、寻找爱的生命旅程。

九十年代初曾在中文报纸和杂志发表过一些作品。后来在美国忙于工作，生儿育女，疲于奔命，远离了中文和文学。我在另一个生存空间，每天在大量的文案工作中，忙于写标准合同和法律文书，这让我的双眼高度近视，我生命中所有的空隙都被各种他人的“需要”所垫满，英文是我的工作语言，我再也无暇顾及个人的兴趣与爱好，中文写作停止了很多年。

但是来自生活和职业的习惯，我还是会随时记录一些生命中的事件，那怕只是几句话，甚至几个字。总希望有一天我可以在另一个空间，随心所欲地读书和写作。

2014年的一个夏夜，我正在收拾行李，准备第二天回北京参加北大毕业三十年的同学聚会。我突然惊恐地发现三十年过去了，时间都去哪儿了？那一瞬间的触动，我意识到无论你在哪里，无论你怎么度过，生命之河从来就不会停止。我可能过着典型的美国“中产阶级”的标准生活，但是我意识到生命中有那么一个空缺，我不知道用什么才能把它填补。

年轻的时候，我们以为爱情是生命的全部；中年的时候，我们以为孩子和工作是我们生活的全部。那么孩子马上都要离家上大学了，我要什么样的生活？我还有多少梦想没有时间去做？

那一夜，我在书架上翻阅我的书，除了法律的书，就是孩子的书，仅有的几本中文书是我出国时带出来的。我开始在网上寻找我喜欢的作家和他们的新作。我想从北京带一些喜欢的中文书回来。

随着孩子长大离开了家，我有了更多的时间。捡起久违的中文，我又一次开始记录生活中的点点滴滴。这是一种久别重逢的喜悦。

当我再次阅读那些我喜欢的作者的文字，用手触摸到纸张上一个个方块字，再次感受到中文的温度。仿佛每个字都在诉说着一个美丽而忧伤的故事，仿佛每个字都承载着人类几千年的思想与文明。只觉得自己渺小而谦卑。

生活中的烦劳愁苦，生命中那些感动和美丽的瞬间，我都想用文字把它们记录下来。我意识到文字可以记录生命，文字是生命的痕迹，它是一种拒绝遗忘的形式。

写作也是一种自我的对话和自我的思考，它可以制造一种与自己和他人交流的空间。当我再次发现这个纯粹的爱好，甚感幸福。

虽然已过了“不惑之年”，但是困惑却依然时刻相伴，因此思考和感悟也不会间断。我希望通过阅读和写作让自己能够成为更加纯粹的人。

文学和写作对每个人有着不同的意义。很幸运，我结识了很多热爱文学的朋友。有的朋友把文学当作寻找真理及自我救赎的途径；有的朋友把阅读和写作当作一种生活方式，在这个物欲横流的时代，实在不容易。但是我知道，他们的心灵是富有而幸福的。

文学对我来说意味着什么呢？它是梦想，是家园；是阅读另一个灵魂的快乐；是幸福与痛苦的故事后面的人生启迪与领悟；是想象世界，感受自我的一种语言和能力。

我的这些写作尝试，很多是为了记录生命。再次阅读20年前写的留学故事，觉得自己的文字很幼稚，但是我知道那都是真性情的文字。在今天不同的留学语境中，它对我来说，记录的是上个世纪80年代的场景，留下的只是一个"真"字。我希望今后的写作能够离文学更近一些。

在文学朝圣的路上，我们朝着同一个方向，向着更高的精神高度，继续前行。感恩在路上，以文字或其他的形式与你相遇。

在这本作品集出版之时，衷心感谢美国成功出版社的社长张忠卿先生对我的文字的欣赏和对我写作的鼓励，他是这本书的策划人与特约编审。感谢壹嘉出版社刘雁总编的鼓励和信任。最后，让我借这本小集子感谢世上每一位关心我、爱我和每一位我爱的人。

晓霜

2019年9月12日

加州硅谷

附

我和晓霜的缘分

《我和晓霜的缘分》这篇文章是晓霜的好友李喆，在晓霜的育儿随笔《孩子，我该怎么爱你》今年初出版上市时写的。作者用质朴的语言，叙述了他们的友谊，介绍了晓霜的书，更介绍了她这个人。

——编注

好友晓霜的新书《孩子，我该怎么爱你》出版上架了！为她祝贺！也为所有有缘读到这本书的读者祝福！

如果只是简单地介绍她的书，好像有点商业推销的味道。我觉得在介绍她的书之前，首先应该介绍她这个人。从她的阅历和人品，读者才能明白这本书的价值。下面就是我认识晓霜几十年的故事。

同晓霜的缘分快三十年了，人生能有几个三十年？真是一段不短的时间啊，这三十年都是我们各自成家立业，养儿育女的黄金时光。三十年，用文艺小资的语调来描述：有的人走着走着就散了；有的记忆走着走着就淡了……的确，我们也曾走着走着就散了，而且散了很长一段时间，可再次相逢的时候，却温暖如初。

有些人虽然交往的时间很短，但是她却会一直留在心里，即使没有联系也会感觉到你很熟悉她，某一天偶遇时发现时间和空间的流逝并没有留下陌生或距离，晓霜和我的缘分就是这样的。

1989年我到美国做访问学者，晓霜那时是杜克大学法学院博士三年级的学生。当时杜克大学有尼克松总统奖学金和福特基金会的奖学金，每年资助几个中国学生到杜克大学法学院读法学博士，你能想像当年在那里读法学博士的中国学生都是天之骄子，晓霜就是其中之一。

而我美其名曰访问学者，国内的学校说好只是名义上给我每月$500美金，这里的实验室再给我$500美金，事实上我每月的生活费只有$500美金。与几个国内来的同行合租公寓，交完房租水电费后，每月只剩下大约$200多美金，留下$20做伙食费（每顿都吃面包夹花生酱加生菜），其余全部用来给国内家人挂电话。那时的电话费是每分钟$2.70，正是给我这样兜里没钱却想家想得泪汪汪的人火上浇油的机会。

其实生活上的困难出来前已经做好了心理准备，但是实验室的华人老板有问题，自己的事业不得志，就专门拿我这个用系里的$500美元雇来且不容易跳槽的大陆人折磨出气，所以那时的我真是度日如年 ……

在那些痛苦到只想麻木的岁月里，我的一个室友，法学院的访问学者介绍我认识了晓霜，第一次相见我们就聊了很多。我们有着相同的文学爱好和对生活美善的追求，似乎有很多共同的话题。但是看到她忙于法学院的功课，很少有休闲的时间，我们也很少相聚。

没想到，她邀请我作为好朋友参加了她的毕业典礼。曾经被那些比我"混得好"的中国人冷落过不少，而这位并不太熟悉的朋友却邀请我请同她的亲友一起欢庆这个人生最重要的里程碑之一，真的让我很感动！

晓霜当时已经在华尔街顶尖的律师事务所找到了律师工作，1990年代初这个年轻小巧的中国女子是华尔街寥寥无几的几个大陆人之一。

毕业典礼后我去参加了她亲自下厨的晚餐会，大多是她法学院的美国同学，也有一些在杜克的中国留学生。当年她做的有一道菜给我印象深刻，迄今我仍然味有余存：意大利的Lasagna，这对当时天天吃面包夹花生酱的我来说，真是有过年的感觉！

我们在聚会上看她在纽约新租公寓的照片，并且听她描述准备到北卡的High Point买家具（全美家具批发商聚居地，很有意思的是许多年后我们在那里开设了自己设计产品的展示厅），然后运送到纽约布置她的新家……

生活真的很善待她，刚刚有一个美好的结束，前面是一个更美好的开始，我心里对她充满了羡慕、佩服和祝福！

随后我们保持了一段时间的联系，她还寄来一张在她纽约的公寓里的照片，她坐在从北卡买的时尚藤椅里，脸上充满了自信和希望。那时我们这群穷留学生都是在毕业的季节去学生公寓的垃圾箱附近拣毕业生丢弃的沙发、桌椅、电视机等等。晓霜，作为1990年代初走入华人街成为年薪近十万美金的纽约律师，她自然是当年杜克大学我们这群中国留学生中最羡慕的对象。

随后的几十年，我们就走散了，我始终保留着那张晓霜从纽约寄给我的照片，是对她善良的感激、是对她未来的祝福！

2016年，我在忆乡坊文学城公众平台上，看到她写的一篇文章《回不去的故乡》，立即给平台留言，希望同她联系。

几天后就收到她的回信，仍然是一样的热情、开朗、善良。尽管我们都分别走过了几十年的坎坷，可是热爱生活和喜欢文字的心志仍然青葱如初，而且我们在追求信仰的路上也渐渐地走得更近了！

几十年岁月的旅程，她不仅事业有成、家庭幸福，还有一双可爱的儿女。我们错过了陪伴彼此儿女成长的过程，但从晓霜写的这本养育儿女的心路历程，我仿佛没有错过她的孩子长大成人的过程，我们《重归伊甸园》平台也发表过不少她的育儿文章和生活随笔，这些真诚的文字，深受大家的喜欢。

尽管她的儿女都是藤校的骄子，她却不喜欢别人用这个词介绍她的育儿文章，因为进入名校不是成功的唯一标志。当她的这本书《孩子，我该怎么爱你》公开发行时，我是真心地为她高兴，真诚地向所有正在进行时的父母们推荐。

她对儿女的爱，不是溺、不是娇、不是宠，而是以身作则，用心陪伴，完全接纳，智慧引导，全力鼓励。

晓霜的这本书用真性情、真情感记录了她一路陪伴孩子过程中的困惑、思考和成长。晓霜无需靠这本书来立业，她从事法律工作几十年，是一位资深律师和高级经理，她拥有自己的事业。　她只是因为爱，把这些文字同其他父母分享，犹如当年她同杜克大学的一群穷学生分享她亲手烘焙的Lasagna一样，让大家回味无穷。那时，她因着爱心分享的是一道意大利美食；今天，她因着爱心分享的是如何培养两个孩子成长到进入名校（Oops 她不喜欢这个词）的心路历程。

愿你们有缘读到她的书！愿你们得到她的祝福！

李喆

2019年3月12日

www.ingramcontent.com/pod-product-compliance
Lightning Source LLC
Chambersburg PA
CBHW050519190726
48284CB00003B/871

* 9 7 8 1 9 4 9 7 3 6 1 6 8 *